Über dieses Buch

»Backen macht Freude«, heißt es. Vor allem an den langen Winter-
abenden vor Weihnachten besinnen sich viele auf diese vergnügliche
Beschäftigung: Denn Selberbacken macht nicht nur Spaß, selbstge-
machtes Gebäck schmeckt auch ganz besonders gut. Es hält jedem
Vergleich mit gekaufter Ware stand, ja es stellt diese meist noch in den
Schatten.
Machen Sie sich einmal daran, Christstollen, Früchtebrot, Lebkuchen
und Plätzchen zu backen; Sie werden erstaunt sein, was für herrliche
Köstlichkeiten Sie in Ihrer Küche zubereiten können. Sie müssen nur ein
wenig Sorgfalt walten lassen und die Rezeptanweisungen dieses
Büchleins genau einhalten. Dann können Sie zum Weihnachtsfest Ihre
Familie und Ihre Freunde mit einer großen Auswahl selbstgebackener
Leckereien überraschen.

Originalausgabe
Droemersche Verlagsanstalt Th. Knaur Nachf.
München/Zürich
© Droemer Knaur Verlag Schoeller & Co., Locarno 1977
Satz Appl, Wemding
Druck und Bindung Ebner, Ulm
Printed in Germany
ISBN 3-426-00611-1

 1.–20. Tausend November 1977
21.–25. Tausend Dezember 1977
26.–32. Tausend Oktober 1978

Ulrike Hornberg:

Backen für die Weihnachtszeit

Mit 250 Rezepten,
9 Farbfotos und 33 Zeichnungen

Droemer Knaur

Inhalt

Alle Jahre wieder ...

Backen zu Weihnachten ist »in«. Die Weihnachtsbäckerei, die viele Jahre vernachlässigte und fast schon totgesagte, ist beliebter als jemals zuvor. Und alle, für die Weihnachten nicht nur Arbeit, Hast und lästiges Geldausgeben bedeutet, für die die stillste Zeit des Jahres nicht nur dadurch signalisiert wird, daß der Fernsehansager ein wenig feierlicher spricht und weihnachtliche Klänge aus dem Lautsprecher ertönen; also alle jene, die sich – mit Kindern oder Geschwistern, Verwandten oder Freunden – aus ganzem Herzen auf dieses größte Fest des Jahres freuen können, wissen: Die Beschäftigung mit Weihnachtsbäckerei stellt einen Höhepunkt der Weihnachtszeit dar, nicht nur des Naschens, sondern vor allem des anheimelnden und vergnüglichen Backens wegen.

Lange schien es, als ob industriell gefertigtes Backwerk in seiner allzu glänzenden Verpackung die selbstgemachte Weihnachtsbäckerei verdrängen würde. Aber vielleicht war der Duft und das Aroma dieses Backwerks doch immer etwas zu künstlich, hat uns das allzu perfekte Aussehen und der allzu perfekt ausgeklügelte, oft etwas monotone Geschmack mißtrauisch gemacht.

Ich glaube, daß die Menschen wieder wissen wollen, welche Zutaten in ihrem Weihnachtsgebäck enthalten sind. Sie wollen wieder mit den Grundstoffen zu tun haben, sie bearbeiten und – nach altbewährten Rezepten – kunstvoll mischen. Sie wollen wissen, wie der feine Geschmack und vor allem die köstlichen Düfte – die ja bei der Weihnachtsbäckerei eine besonders große Rolle spielen – entstehen. Und das Wichtigste: Ein Zimtstern, der mit Liebe gebacken wurde, hat nicht nur einen viel besseren Geschmack, er trägt ja auch – zusammen mit den anderen selbstgebackenen Plätzchen – diese Liebe weiter zu jenen, die – erlaubt oder unerlaubt – davon naschen und dabei spüren und wissen, daß man diese Ingredienzien nicht mit Gold kaufen kann.

Und so beginnen wir alle Jahre wieder, wenn die Tage kürzer werden und der Advent naht, Lebkuchen und Zimtsterne, Butterplätzchen und Makronen und was es an solchen köstlichen Dingen mehr gibt zu backen, bis Dosen und Schüsseln gefüllt sind. Und wenn dann köstliche Düfte das Haus durchziehen, wissen wir: Bald ist wieder Weihnachten.

Der Weihnachtsbäckerin Grundausstattung

Zur Herstellung von Weihnachtsbäckerei brauchen Sie nur wenige Geräte; diese allerdings sollten zweckmäßig und von guter Qualität sein. Obwohl ein Großteil dieser Geräte in jedem Haushalt vorhanden sein werden, wollen wir sie der Vollständigkeit halber noch einmal aufzählen.

● Die *Waage* ist das A und O einer guten Backarbeit. Ob Sie noch eine alte Balkenwaage aus Großmutters Zeiten verwenden und mit Gewichten wiegen oder ob Sie eines der modernen Geräte benützen, ist gleich, Hauptsache, Ihre Waage ist leicht zu bedienen und zeigt das Gewicht präzise an.

● Der ebenfalls benötigte *Meßbecher* sollte so eingeteilt sein, daß Sie auch kleine Flüssigkeitsmengen genau abmessen können.

● Die *Rührschüssel* kann aus Kunststoff, Keramik, Glas oder Edelstahl sein; lediglich Aluminiumschüsseln sind ungeeignet, da der Teig darinnen grau wird! Zum rationellen Arbeiten lohnt es sich, wenn Sie zwei Rührschüsseln, am besten eine kleinere und eine etwas größere, besitzen; Sie haben dann für jedes Rezept die richtige Größe zur Hand. Außerdem werden bei einigen Rezepten Schaummasse und Eischnee benötigt!

● Einen kleinen *Rührkessel*, also eine Rührschüssel aus rostfreiem Edelstahl oder – wie in alten Zeiten – aus Messing, brauchen Sie, wenn Sie eine Masse über Dampf rühren bzw. schlagen sollen. Ein normales Küchengeschirr mit flachem Boden sollte nur im äußersten Notfall verwendet werden, da sich die Masse immer wieder in den Ecken anlegt.

● Ein *Handrührgerät* oder eine *Rührmaschine* ist heute in fast jedem Haushalt vorhanden. Sie erleichtern die Arbeit beachtlich, so daß sich gegebenenfalls die Anschaffung lohnt: Müssen Sie von Haus aus manche Teige bis zu $1/2$ Stunde und mehr rühren, damit Sie die vorgeschriebene Konsistenz erreichen, so geschieht das mit einem elektrischen Gerät innerhalb weniger Minuten. Handrührgeräte und Rührmaschinen sind in verschiedenster Qualität und Ausführung im Handel. Für einen kleinen Haushalt wird ein Handrührgerät allen Anforderungen genügen; für den größeren Haushalt (4 Personen und mehr) ist eine Rührmaschine rationeller. – Ein guter Rat: Kaufen Sie sich nur ein Markengerät (billige Sonderangebote sind ihr Geld meist nicht wert) und beachten Sie bei der Benützung genau die jeweilige Gebrauchsanweisung.

● Einen oder besser mehrere *Kochlöffel,* darunter mindestens einen größeren *Rührlöffel* mit einem Loch in der Mitte benötigen Sie, selbst wenn Sie ein Rührgerät besitzen. Ob Sie sich für eine Ausführung aus Plastik oder aus Holz entscheiden, ist Geschmackssache.

● Ebenso brauchen Sie ein oder zwei Schneebesen, am besten einen ganz kleinen für Glasuren und einen größeren.

● Ein *Teigschaber* ist zum sorgfältigen Ausputzen der Rührschüssel unerläßlich. Am besten bewähren sich Teigschaber mit einem Gummiblatt an einem Holzstiel; sie sind geschmeidiger als die Kunststoffschaber, außerdem spülmaschinenfest.

● Ein *Backbrett* benötigen Sie bei der Zubereitung von mürben Teigen, aber auch zum Ausrollen und Weiterverarbeiten anderer Teige. Backbretter gibt es aus Holz mit Leisten an den Längsseiten (damit das Brett bei der Arbeit nicht wegrutschen kann) oder aus Plastik. Welches dieser Bretter Sie verwenden wollen, ist Geschmackssache, achten Sie aber auf jeden Fall darauf, daß es genügend groß ist; nichts ist lästiger, als wenn der Teig bei der Zubereitung dauernd an den Seiten herunterbröselt oder sich die Teigplatte nicht genügend groß ausrollen läßt.

● Den ebenfalls benötigten *Teigroller (Rollholz)* gibt es aus Holz oder Plastik. Neuerdings sind sogar mit Teflon beschichtete Modelle im Handel; sie sind praktisch, da der Teig weniger leicht hängen bleibt; ihr Nachteil: Sie werden leicht zerkratzt und sind dann um nichts besser als ein gewöhnlicher (und billigerer) Teigroller.

● *Ausstechformen* spielen bei den Weihnachtsbäckereien eine große Rolle. Sie sind in verschiedenen Formen und Ausführungen im Handel. Am einfachsten sind runde Ausstecher (hier können Sie zur Not auch ein Likörglas verwenden), die es in verschiedenen Größen gibt. Andere Ausstecher sind rund mit gezacktem oder gewelltem Rand. Es gibt Sterne, Herzen, Kleeblätter, Blumen, Glocken, Tannenbäumchen . . . Kinder machen vor allem die zahlreichen Tierformen viel Spaß; achten Sie aber darauf, daß bei solchen Formen »Beinchen«, »Ohren« usw. nicht zu dünn geraten sind, sie brechen sonst zu leicht ab. – Alle diese Ausstecher gibt es aus Weißblech oder aus Kunststoff. Mir sind Ausstecher aus Weißblech lieber: Sie haben schärfere Kanten, das Ausstechen geht genauer – und auch schneller. – Natürlich sind Flachausstecher oder Rollenausstecher, mit denen Sie mehrere Plätzchen »auf einmal« ausstechen können; Sie sind dann allerdings auf bestimmte Figuren in einem bestimmten Mengenverhältnis angewiesen.

Diverse Ausstechförmchen

● *Model* sind traditionsgebundene Formen, die nur für die Weihnachtsbäckerei verwendet werden. Nach alten Motiven hergestellt, werden sie für typische Gebäckstücke wie Springerle, Bärentatzen oder Spekulatius verwendet. Am hübschesten ist es, wenn Sie alte Model aus Ihrem Besitz benutzen können. Ansonsten sind gemachte in jedem Kaufhaus erhältlich.

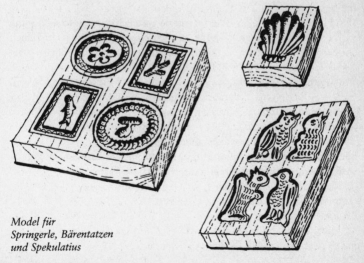

Model für
Springerle, Bärentatzen
und Spekulatius

● Ein *Teigrädchen* benötigen Sie ebenso wie ein *scharfes Messer*, wenn Teig- oder Kuchenplatten geschnitten werden sollen.

● Einen *Spritzbeutel* brauchen Sie für die Herstellung verschiedenen Spritzgebäcks. Wählen Sie einen Spritzbeutel aus auskochbarem (spülmaschinenfestem) Material mit zwei glatten Tüllen und zwei Sterntüllen in verschiedener Größe. Praktisch und hygienisch sind auch die modernen Einweg-Spritzbeutel, die allerdings in der Verwendung etwas teurer sind.

● Eine *Mandelmühle* dient zum Reiben von Mandeln, Nüssen . . . oder Schokolade. Moderne Mühlen haben mehrere Einsätze, so daß Sie alles in gewünschter Größe (ganz fein, grob, in Blättchen, in Stiften . . .) zerkleinern können.

● Ferner brauchen Sie ein oder zwei kleine *Schneidbretter* aus Holz oder Kunststoff, die Sie *ausschließlich* für die Zerkleinerung von Backzutaten (z. B. Orangeat) verwenden! Gebrauchen Sie keinesfalls Ihr normales Küchenbrett! Lebkuchen und Plätzchen, die z. B. nach Zwiebeln schmecken, sind ganz und gar kein Vergnügen!

● Ein *Backblech* gehört zur Standardausstattung jedes Backrohrs. Ich würde Ihnen raten, mindestens 2–3 Backbleche zusätzlich anzuschaffen; sie sind nicht teuer, ersparen aber eine Menge Zeit, da sie ein viel rationelleres Arbeiten ermöglichen: Statt jedesmal zu warten, bis ein Blech gebacken, abgekühlt und wieder gereinigt ist, können Sie alle Plätzchen auf einmal vorbereiten und zügig hintereinander backen.

Im Handel gibt es Backbleche aus Weißblech oder solche, die mit Teflon beschichtet sind. Wofür Sie sich entscheiden, ist nicht zuletzt eine Preisfrage. Sicher, Teflon beschichtete Backbleche ersparen fast jedes Einfetten; belegen Sie Backbleche aus Weißblech aber mit Backtrennpapier, so ersparen Sie sich ebenfalls jedes Einfetten und zusätzlich jede Reinigungsarbeit.

● *Backpinsel* brauchen Sie zum Bestreichen der Teigstücke oder zum Glasieren des fertigen Gebäcks. Am besten ist es, wenn Sie zwei oder drei Pinsel in verschiedenen Größen besitzen.

● Ein *Kuchengitter* ist der geeignetste Ort, Plätzchen abkühlen bzw. (nach dem Glasieren) trocknen zu lassen. Wählen Sie es nicht zu klein, es sollten die Plätzchen von einem, besser noch zwei Backblechen darauf Platz haben.

● *Backtrennpapier*, auch unter dem Namen Blech-Rein-Papier erhältlich, ist eine der praktischsten Erfindungen der letzten Jahre. Es ist so beschichtet, daß Sie *wirklich* auf jedes Einfetten verzichten können. Backtrennpapier ist in Rollen im Handel; bei Bedarf schneiden Sie ein entsprechend großes Stück von der Rolle ab und legen es einfach mit der richtigen Seite auf das Backblech. Dabei können Sie das gleiche Papier drei- bis viermal verwenden. Sind Sie dann fertig mit dem Backen: Papier weg – und schon ist das Blech sauber und alle Aufräumarbeit getan.

● *Alu-Folie* ist nicht nur im Haushalt, sondern auch beim Backen ein unentbehrlicher Helfer. Sie benötigen sie zum Zudecken oder Einwickeln eines Teiges während der Ruhezeit. Aber auch zum Abdekken Ihres Gebäcks, wenn es an der Oberseite zu rasch bräunen sollte.

● Die Anschaffung mehrerer *Blechdosen* in verschiedener Größe für die Aufbewahrung des fertigen Gebäcks lohnt sich, wenn Sie eine begeisterte Bäckerin sind. Einzelne Gebäcksorten können Sie aber auch in Gefäßen aus Glas, Steingut oder Porzellan aufbewahren.

Von Gewürzen und anderen Ingredienzien

Weihnachten – schon der Name allein ruft in uns die Erinnerung an köstliche Düfte von Zimt und Nelken, von Vanille und Anis, von Muskat und Kardamom wach.

Und diese Gewürze sind es auch, die unserer Weihnachtsbäckerei das charakteristische Gepräge geben. Sie verlangen aber auch unsere ganze Aufmerksamkeit: Mit mehr oder weniger »ausgerauchten«, womöglich vom letzten Jahr her in notdürftig verschlossenen Tüten aufbewahrten Gewürzen werden wir ebensowenig köstliches Weihnachtsgebäck zaubern können wie mit solchen, die durch unsachgemäße Lagerung bereits Duft und Aroma des »Nachbarn« angenommen haben. Verwenden Sie immer nur frische Gewürze, die in gut schließenden Gefäßen aufbewahrt wurden! Kleine Blechbüchsen oder fest verschraubbare, möglichst dunkle Gläser sind am besten geeignet. Plastikgefäße sind unbrauchbar, da sie von den ätherischen Ölen vieler Gewürze angegriffen werden.

Doch nicht nur Gewürze, auch Mandeln, Nüsse, Rosinen, Korinthen, Mohn, Honig, Zitronat und Orangeat, kurz gesagt: die ganzen »Verfeinerer« sind aus unserer Weihnachtsbäckerei nicht wegzudenken. Sie sollen ebenfalls frisch und von einwandfreier Beschaffenheit sein. Das gleiche gilt aber auch für die einfachsten Grundzutaten wie Mehl, Fett . . . Auch hier lautet der Grundsatz: Qualität über alles! Was Sie nun bei den einzelnen Zutaten besonders beachten müssen, soll Ihnen unsere kleine Warenkunde zeigen.

Die Grundzutaten

● *Mehl* ist die Grundsubstanz der meisten Backwaren. Mit wenigen Ausnahmen verwenden wir das helle, stark ausgemahlene Weizenmehl der Type 405. Nur bei einzelnen Lebkuchenrezepten wird Roggenmehl verwendet.

Wiegen Sie das Mehl sorgfältig ab und sieben Sie es vor der Verarbeitung; eventuell vorhandene Verunreinigungen werden dadurch entfernt, außerdem wird das Mehl lockerer.

● *Stärkemehl* kann das Mehl ganz oder teilweise ersetzen; die Gebäckstücke werden dafür etwas kompakter. Stärkemehl wird mit dem Mehl zusammen gesiebt.

● *Butter* macht Plätzchen mürbe, größere Gebäckstücke saftig. Natürlich können Sie die Butter auch durch Margarine ersetzen (sie ist etwas kalorienärmer und läßt sich auch leichter rühren); bei besonders fettreichem Kleingebäck ist das allerdings nicht empfehlenswert, Feinschmecker werden den besonders delikaten Geschmack der Butter vermissen!

Butter sollte für mürbe Teige immer kalt, für alle anderen Teige zimmerwarm verwendet werden, sie läßt sich dann besser verarbeiten. Haben Sie einmal vergessen, die Butter rechtzeitig aus dem Kühlschrank zu nehmen, dürfen Sie sie keinesfalls künstlich erwärmen bzw. zerlassen und nach dem Erstarren weiterverwenden (mit Ausnahme einiger weniger Rezepte, die gerade dieses Zerlassen verlangen) – Geschmack und Konsistenz frischer Butter wird dadurch nicht unwesentlich verändert.

● *Eier* sollten Sie nur frisch verwenden. Schlagen Sie sie vor Gebrauch sicherheitshalber in eine Tasse, damit nicht der ganze Teig womöglich durch ein verdorbenes Ei ruiniert wird. – Verwenden Sie für alle unsere Rezepte mittelgroße Eier.

● *Zucker* macht den Teig süß, dient aber auch zur Stabilisierung des Teiges (Rührteige). Je feiner der Zucker ist, desto besser löst er sich, desto besser gelingt das Backwerk. Verwenden Sie daher immer feinen Grießzucker oder Puderzucker.

Zucker darf nur in Ausnahmefällen durch Süßstoff ersetzt werden, da sich die Konsistenz des Teiges sonst nachteilig ändern würde; immer können Sie ihn jedoch durch ein sog. Zuckeraustauschmittel (Sionon®) ersetzen.

● *Farinzucker* ist brauner (ungereinigter) Zucker, der vor allem bei der Lebkuchenerzeugung verwendet wird. Er ist nicht so süß wie gereinigter Zucker, dafür würziger.

● *Hagelzucker* ist besonders großkörniger Zucker. Er wird ausschließlich zur Dekoration von kleinem Gebäck verwendet.

● *Kandiszucker* ist ein in großen Stücken auskristallisierter brauner Zucker. Er wird ausschließlich zerkleinert für Verzierungen verwendet.

● *Salz* wird in kleinsten Mengen fast allen Teigen (allen Teigen, die Mehl enthalten) zugesetzt; es darf niemals hervorstechen, und dient nur dazu, den Eigengeschmack der anderen Gewürze zu heben.

Die Triebmittel

Alle Triebmittel dienen dazu, schwere Teige luftiger und leichter zu machen. Fett- und Eiweißteige brauchen kein eigenes Triebmittel!

● *Hefe* brauchen wir bei der Weihnachtsbäckerei nur für Stollen und ähnliche Gebäckstücke. – Hefe ist eine lebende Substanz (Hefepilz), die unter idealen Bedingungen (dazu gehört eine Temperatur von 20–30°, Flüssigkeit und Zucker) Kohlendioxyd bildet und dadurch den Teig lockert. Allerdings ist nur einwandfreie Hefe zu dieser Gärung fähig. Verwenden Sie entweder garantiert frische Hefe oder die in handlichen Päckchen angebotene Trockenhefe.

● *Backpulver* ist ein Gemisch von mehreren Karbonaten, die während des Backprozesses Kohlendioxyd frei werden lassen. Backpulver entfaltet nur dann seine volle Wirkung, wenn es sorgfältig mit dem Mehl gemischt und mit diesem gesiebt wird.

● *Hirschhornsalz* ist ein Ammoniumbikarbonat, das bei höherer Temperatur in Ammoniak und Kohlendioxyd zerfällt und dadurch den Teig in die Höhe treibt. Es wird vor allem bei der Lebkuchenherstellung verwendet. Hirschhornsalz entfaltet seine Wirkung am besten, wenn es in etwas Flüssigkeit gelöst und so unter den Teig gemischt wird.

● *Pottasche* wird noch vereinzelt in älteren Rezepten verwendet. Chemisch gesehen ist es ein Kaliumkarbonat, das in der Hitze Kohlendioxyd abgibt. Es muß – wie das Hirschhornsalz – in etwas Flüssigkeit gelöst werden.

● *Natron*, Natriumbikarbonat, wirkt ähnlich wie die Pottasche.

Die Verfeinerer

● *Mandeln* sind eine Bereicherung jeden Teiges. Verwenden Sie immer nur frische Mandeln mit einwandfreiem Geruch. – Mandeln können mit der Schale verwendet werden: Sie werden kurz kalt überbraust und gut getrocknet oder nur mit einem Tuch abgerieben. Schreibt das Rezept geschälte Mandeln vor, so gibt man sie für etwa 1 Min. in kochendes Wasser, worauf sie sich leicht abziehen lassen. Sollen sie anschließend gerieben werden, muß man sie vorher sorgfältig trocknen lassen. – Heute sind im Handel bereits geschälte Mandeln – und zwar ganz, gehobelt oder gerieben – erhältlich.

● *Bittermandeln* haben ein besonders intensives Aroma. Sie dürfen nur stückweise verwendet werden, da sie einen relativ hohen Blausäuregehalt aufweisen. – Wenn Sie keine Bittermandeln erhalten, können Sie sich mit einigen Tropfen Bittermandelöl helfen.

● *Haselnüsse* können ähnlich wie Mandeln verwendet werden. Meist werden sie ungeschält verarbeitet. Will man sie doch einmal schälen, legt man sie für einige Minuten in das heiße Backrohr (200°), dabei platzt das braune Häutchen und läßt sich dann leicht zwischen den Handflächen oder mit einem Tuch abreiben.

● *Walnüsse* haben einen besonders intensiven Eigengeschmack, der für jedes Nußgebäck charakteristisch ist.

● *Pistazien* sind die grünen Fruchtkerne des Pistazienbaumes. Sie sind von einer dünnen harten Schale und einem braunen Häutchen umgeben. Vor der Verwendung entfernt man zunächst die harte Schale, dann gibt man die Kerne für 1 Min. in kochendes Wasser und zieht auch das braune Häutchen ab. – Pistazien werden halbiert oder gehackt verwendet. Durch ihre grüne Farbe ergeben sie eine besonders hübsche Verzierung.

● *Pinienkerne = Pignoli* sind die Samenkerne einer im Mittelmeerraum heimischen Pinienart. Sie haben einen feinen harzähnlichen Geschmack. Sie werden fast ausschließlich für Verzierungen verwendet.

● *Mohn* wird nur in Ausnahmefällen für die Weihnachtsbäckerei verwendet; er muß vor Gebrauch gerieben werden.

● *Rosinen* sind getrocknete kernhaltige grüne Weintrauben (meist aus Muskat- oder Malagatrauben). Die aus den Mittelmeergebieten stammenden mittelbraunen Beeren werden hauptsächlich für Stollen verwendet. Sie müssen vor der Verwendung gewaschen und gut abgetrocknet werden. – Heute werden unter der Bezeichnung »Rosinen« meist die eigentlichen Rosinen, die Korinthen und die Sultaninen zusammengefaßt.

● *Korinthen* sind dunkle (fast schwarze) kleine kernlose Beeren, die durch Trocknen einer dunklen griechischen Traube (Schwarzkorinthe) entstehen. Sie werden wie Rosinen verwendet.

● *Sultaninen* werden durch Trocknen der hauptsächlich in der Türkei und in Kalifornien angebauten Sultanatraube hergestellt. Sie sind hell- bis goldgelb, kernlos und sehr süß.

● *Orangeat* nennt man die kandierten Schalen der Bitterorange oder Pomeranze. Einwandfreies Orangeat hat eine leuchtend bis tief orange Farbe mit einem leichten Braunton und einen aromatisch-bitteren Geschmack. Orangeat ist eine beliebte Zutat bei Lebkuchen.

● *Zitronat* = *Sukkade* ist die kandierte dickfleischige Schale der Zedrat-Zitrone. Es kommt in Halbschalen auf den Markt, hat eine blaßgrüne Farbe und einen bitter-süßlichen Geschmack. Zitronat wird für Lebkuchen und Stollen, aber auch zur Verzierung verwendet. Der oft im Handel angebotene kandierte und gefärbte Kürbis hat mit dem echten Zitronat bestenfalls das Aussehen gemeinsam und ist als Ersatz absolut ungeeignet.

● *Schokolade* ist einer der beliebtesten Zusätze für die Weihnachtsbäckerei. Verwenden Sie immer Blockschokolade. Sie wird – je nach Rezept – gerieben oder im Wasserbad geschmolzen.

● *Kuvertüre* ist Blockschokolade mit größerem Fettgehalt. Sie wird im Wasserbad geschmolzen und kann dann direkt zum Überziehen von kleinen Gebäckstücken verwendet werden.

● *Kakao* ist das Pulver von mehr oder weniger entfetteten Früchten des Kakaobaumes. Guter Kakao ist tiefbraun und hat einen leicht bitteren Geschmack. Er verleiht einem Teig nicht nur eine angenehme Würze, sondern auch eine dunkle Farbe.

● *Honig* wird für Gebäckstücke wie Honigkuchen gebraucht. Verwenden Sie nur echten Bienenhonig, Kunsthonig ist meist nur süß, ihm fehlt jeder feine natürliche Geschmack. – Honig, der zu Gebäckstücken verarbeitet wird, muß erhitzt werden. Erwärmen Sie ihn nur vorsichtig (am besten im Wasserbad), damit sein feines Aroma nicht verlorengeht.

● *Alkohol* in Form von *Rum, Cognac, Arrak, Kirschwasser* dient zur Aromatisierung von Teigen, Füllungen und Glasuren. Je besser die Qualität ist, die Sie dazu verwenden, desto besser wird auch das spätere Produkt sein. – Die in den Rezepten angegebenen Alkoholarten können ohne weiteres untereinander ausgetauscht werden; bedenken Sie aber, daß sich der ganze Geschmack des Backwerks dadurch ändert.

Die Gewürze

● *Anis* nennt man die getrockneten Samen der im Mittelmeergebiet heimischen Anispflanze, einem Doldenblättler. – Er hat einen unverwechselbaren herb-süßlichen Geruch und Geschmack. Anis kommt im ganzen oder gemahlen auf den Markt und wird auch so verwendet. Er verleiht jedem Gericht seinen typischen Geschmack und sollte daher (Ausnahme Lebkuchen) nicht mit anderen Gewürzen gemischt werden. – Die besten Würzergebnisse erzielen Sie, wenn Sie Anis im ganzen kaufen und bei Bedarf fein hacken oder – wenn Sie einen Mörser besitzen – stoßen.

● *Ingwer* nennt man die getrockneten Seitenwurzeln der in Südostasien heimischen Ingwerpflanze. – Er kommt in Form von geschälten Wurzelstückchen oder gemahlen in den Handel. Ingwer schmeckt aromatisch und brennend scharf; er eignet sich besonders gut zum Würzen von Lebkuchen und Gewürzplätzchen, aber auch – in kleinsten Mengen – als Zusatz zu anderen Plätzchen. – Für den praktischen Gebrauch können Sie Ingwer am Stück kaufen und die jeweils benötigte Menge auf einem kleinen Reibeisen mahlen, Sie können aber auch bereits gemahlenes Pulver verwenden. – Der frische Wurzelstock wird in Sirup eingelegt oder kandiert und kommt so in den Handel. In kleine Stückchen geschnitten kann er ebenfalls zum Bakken, aber auch zum Verzieren von Gebäckstücken verwendet werden.

● *Kardamom* sind die Samenkapseln einer in Vorderindien und Ceylon kultivierten Ingwerpflanze. – Kardamom hat ein sehr starkes würziges Aroma. Es gehört in Spekulatius, Lebkuchen, Pfeffernüsse . . . Kardamom kommt fast nur gemahlen in den Handel. Gut verschlossen aufbewahrt hält er sein köstliches Aroma längere Zeit. – Kardamom wurde schon im Altertum gerne verwendet, und zwar nicht nur als Gewürz, sondern auch als Arzneipflanze: Man schrieb ihm eine Herz und Magen stärkende Wirkung zu.

● *Koriander* nennt man die getrockneten Früchte des im Orient heimischen, auch im Mittelmeergebiet angebauten Doldengewächses. – Die hellen Körner (etwa in der Größe der Pfefferkörner), die zu den ältesten Gewürzen zählen, haben einen kräftigen, leicht an Anis erinnernden Geschmack. Sie werden vor allem zum Würzen von Lebkuchen verwendet. – Koriander ist im ganzen oder gemahlen im Handel; für die Weihnachtsbäckerei sind beide Arten gleich gut geeignet.

● *Muskatnuß* ist immer dann gemeint, wenn nur von »Muskat« gesprochen wird. Es handelt sich dabei um den etwa kirschgroßen, getrockneten Samen des in den Tropen, vor allem Westindien, kultivierten Muskatnußbaumes. – Muskat hat einen besonders intensiven kräftig-süßlichen Geschmack und sollte immer nur in kleinsten Mengen verwendet werden. – Der Handel bietet ganze und gemahlene Muskatnüsse an. Wenn Sie nicht innerhalb kürzester Zeit große Mengen Muskat verbrauchen (Sie können es ja auch sonst in der Küche verwenden), sollten Sie die ganzen Früchte kaufen und immer die gerade nötige Menge direkt in den Teig reiben. (Am besten eignet sich dazu ein kleines Reibeisen.)

● *Muskatblüte* = *Macis* ist streng genommen keine Blüte, sondern der getrocknete rote Samenmantel der Muskatnuß. Macis hat einen ähnlichen Geschmack wie Muskat, wie dieser wird er vor allem Lebkuchen zugesetzt.

● *Nelken* = *Nägelein* sind die getrockneten Blütenknospen des hauptsächlich in Madagaskar angebauten Gewürznelkenbaumes. – Nelken mit ihrer typischen nagelähnlichen Form gehören zu den ältesten Gewürzen. Sie haben einen unverwechselbaren, süßlich-scharfen Geschmack und geben vielen Gebäckstücken ihr charakteristisches Aroma. Zum Backen verwenden wir ausschließlich fertig gemahlenes Nelkenpulver. Aber Achtung, es ist so intensiv, daß kleinste Mengen genügen!

● *Pfeffer,* eines der wichtigsten Gewürze der »normalen« Küche, wird zum Backen nur ausnahmsweise verwendet und da nur *weißer Pfeffer.* Weiße Pfefferkörner sind die ausgereiften, getrockneten Samenkerne des Südostasiatischen Pfefferstrauches (schwarze Pfefferkörner sind die unreif geernteten, getrockneten Früchte). Weißer Pfeffer ist im Geschmack wesentlich milder als schwarzer Pfeffer, aber auch nicht ganz so aromatisch. – Weißer Pfeffer kommt ganz oder gemahlen in den Handel. Für die Weihnachtsbäckerei sind beide Sorten geeignet.

● *Piment* = *Nelkenpfeffer* sind die unreif geernteten, getrockneten Früchte des in Südamerika heimischen, heute vor allem in Jamaika kultivierten Pimentbaumes. – Piment vereint in sich das Aroma der Nelken mit der Schärfe des Pfeffers. Er wird vor allem für Leb- und Honigkuchen verwendet. – Piment kommt ganz oder gemahlen in den Handel. Die besten Ergebnisse erzielen Sie, wenn Sie die ganzen Körner kaufen und bei Bedarf in einer kleinen Mühle mahlen.

● *Safran,* die getrockneten Blütennarben einer in Asien heimischen, heute auch in Europa kultivierten Krokusart, ist ein längere Zeit fast in Vergessenheit geratenes Gewürz. – Safran zeichnet sich nicht nur durch einen herb-würzigen Geschmack, sondern auch durch seine intensive Farbe aus. Er ist in Form der ganzen Narbenfäden oder gemahlen (in ganz kleinen Döschen) im Handel. Für die Weihnachtsbäckerei kommt nur die gemahlene Form in Frage. – Verwenden Sie dieses kostbare Gewürz nur sparsam und rühren Sie die benötigte Menge immer in etwas Flüssigkeit an.

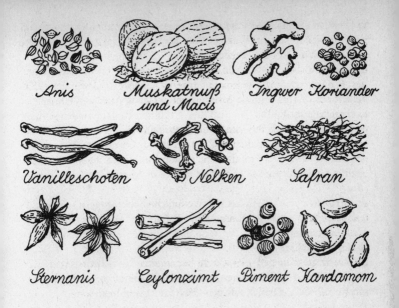

Anis   *Muskatnuß und Macis*   *Ingwer*   *Koriander*

Vanilleschoten   *Nelken*   *Safran*

Sternanis   *Ceylonzimt*   *Piment*   *Kardamom*

● **Sternanis** nennt man die getrockneten Früchte eines in Südchina und Hinterindien angebauten Magnolienbaumes. – Dieses noch viel zu wenig bekannte und verwendete Gewürz hat einen an Anis erinnernden Geruch und Geschmack, das Aroma ist aber im ganzen gesehen etwas feuriger. – Sternanis kommt fast nur gemahlen in den Handel. Er kann überall dort verwendet werden, wo wir unseren einheimischen Anis verwenden.

● **Vanille**, genauer gesagt *Vanilleschoten*, sind die Samenschoten einer tropischen Orchideenart, in deren Mark sich der feine Gewürzstoff befindet. – Vanille ist mit seinem feinen Aroma eines der edelsten Gewürze. Es spielt vor allem bei feinem Backwerk eine große Rolle. – In der Praxis wird Vanille in der Form von *Vanillezucker* verwendet. Echten Vanille erhält man entweder durch Mischung feinst geriebener echter Vanille mit feinem Zucker oder durch Lagerung der aufgeschlitzten Vanilleschoten in feinem Zucker.

● **Vanillin** ist der synthetisch hergestellte Gewürzstoff der Vanilleschote; mit feinem Zucker gemischt erhält man Vanillezucker. Vanillezucker ist das am häufigsten anzutreffende Produkt; auch wenn er nicht ganz das feine Aroma echten Vanillezuckers erreicht, wird er doch in der Praxis am meisten verwendet.

● *Zimt,* der echte oder Ceylonzimt, besteht aus dünnen getrockneten Rindenstücken junger Wurzelschößlinge des in Ceylon heimischen, heute aber in allen tropischen Gebieten Asiens angebauten Zimtbaumes (Zimtlorbeer). – Die dünnen Röllchen haben ein besonders feines Aroma, das wohl jedem bekannt ist, gehört doch Zimt zu den beliebtesten und am meisten verwendeten Gewürzen der Weihnachtsbäckerei. Zimt kommt in Form der erwähnten Röllchen oder gemahlen in den Handel. Für die Weihnachtsbäckerei verwenden wir ihn nur gemahlen. – Gemahlener Zimt wird oft von einem Verwandten des Zimtlorbeers, der Zimtkassia, gewonnen. Dieser sogenannte Chinazimt ist wohl preiswerter, aber nicht so aromatisch wie Ceylonzimt.

● *Zitronenschale* ist ein bei der Weihnachtsbäckerei gern verwendetes Gewürz, das das Aroma anderer Zutaten (z. B. Nüsse und Haselnüsse) noch unterstreicht. Verwenden Sie immer nur die Schale ungespritzter Früchte.

● *Gewürzmischungen* wie *Lebkuchengewürz, Spekulatiusgewürz . . .* ersparen Ihnen das Hantieren mit zu vielen Gewürzen, Sie haben hier alle für ein Gebäckstück nötigen Gewürze beisammen.

Kleine Backschule

Plätzchenbacken ist einfach, so einfach, daß es selbst der ungeübtesten Hausfrau gelingt, Familie oder Freunde mit köstlich duftendem Weihnachtsgebäck zu überraschen. Kaum schwieriger ist das Backen all der weihnachtlichen Stollen, Brote usw. Dabei sind es nur wenige Dinge, die Sie unbedingt beachten müssen, damit wirklich nichts schiefgeht. Hierbei soll Ihnen der folgende kleine Ratgeber helfen:

● Richten Sie sich vor Beginn der Arbeit alle nötigen Geräte griffbereit her. Nichts ist lästiger als zum Beispiel mit teigigen Händen das verschwundene Rollholz, die Ausstechformen . . . zu suchen.

● Bereiten Sie alle nötigen Zutaten genau abgewogen bzw. abgemessen vor; nur so sind Sie bei der Teigbereitung sicher, auch wirklich nichts vergessen zu haben.

● Beachten Sie bei der Herstellung des Teiges genau die Angaben des betreffenden Rezeptes. Achten Sie darauf, daß bei Gebäck aus Schaummasse der Teig wirklich gut gerührt wird; bei den zarten Makronen der Schnee schnittfest und glänzend ist.

● Ist eine Ruhezeit des Teiges vorgeschrieben, so halten Sie diese unbedingt ein, der Teig läßt sich nachher besser bearbeiten; außerdem ermöglicht erst diese Ruhezeit den Gewürzen eine volle Entfaltung ihres Aromas (besonders wichtig bei Lebkuchen).

● Formen Sie den Teig – zumindest die ersten Male – genau nach Vorschrift. Haben Sie bereits Übung und sind Sie mit dem Wesen der einzelnen Teige vertraut, so bleibt es Ihnen überlassen, Größe und Form von Gebäckstücken zu verändern:

● Die geformten Plätzchen können noch mit Eigelb, einem verquirlten Ei oder etwas Eischneemasse bestrichen und so schon vor dem Backen verziert werden. Manchmal werden auch Mandeln, Pinienkerne und Haselnüsse schon vor dem Backen aufgesetzt.

● Fettreiches Gebäck – und dazu gehören fast alle Butterplätzchen – können direkt auf das Backblech gelegt werden. Fettarme Teige, also alle Lebkuchen, Eierschaumgebäck und Makronen, müssen auf sorgfältig gefettetem Backblech gebacken werden, wenn Sie nicht – und das ist in jeder Hinsicht vorteilhafter – das Backblech mit Backtrennpapier belegen.

● Besonders wichtig ist *das richtige Backen*: alle Gebäckstücke werden in das vorgeheizte Rohr gestellt. Kleingebäck kommt – je nach

Herdtyp – auf die zweitoberste oder mittlere Einschubleiste; Stollen werden auf der untersten oder mittleren Einschubleiste gebacken. Die Temperatur ist bei den einzelnen Gebäcksorten genau angegeben. Die Backzeit bezeichnet einen Annäherungswert. Auf genaue Angaben mußte verzichtet werden, die Zeiten sind zu sehr von der Dicke und Größe der einzelnen Plätzchen abhängig, und diese kann man ja doch nie so genau bestimmen. Ob Ihre Plätzchen wirklich »fertig« sind, erkennen Sie gut an der gleichmäßigen Farbe und an dem sich verbreitenden köstlichen Geruch. – Alle Temperaturen wurden bei einem Elektroherd ausprobiert. Die entsprechende Einstellung bei Gasbacköfen soll Ihnen nachstehende Tabelle zeigen:

leichte Hitze	125–150°	unter 1
schwache Hitze	150–180°	1–2
mittlere Hitze	180–200°	2–3
gute Hitze	200–220°	3–4
starke Hitze	220–240°	4–5

Trotz dieser genauen Angaben sollten Sie beim ersten Backen eines Rezeptes die Temperatur für Ihren Herd überprüfen, da die einzelnen Herdtypen meist beachtlich voneinander abweichen.

● Nach dem Backen wird ein Großteil unserer Plätzchen noch – sofern dies nicht schon vor dem Backen geschah – »festlich geschmückt«. Diese Verzierungen, die typisch für manche Gebäckstükke sind, wurden bei den einzelnen Rezepten genau beschrieben. Selbstverständlich können Sie aber auch hier – nach eigenem Gutdünken – variieren: Verwenden Sie einmal eine andere Glasur, belegen Sie die Plätzchen statt mit Mandeln oder Nüssen mit Zuckerblumen, Liebesperlen ... Sie haben genug Möglichkeiten, sich so Ihr eigenes Gebäck zu schaffen.

● Haben Sie nun Ihr fertiges, wohlgelungenes Gebäck vor sich, so ist nur noch eines wichtig: die richtige Aufbewahrung bis zum Fest. Wie Sie die einzelnen Gebäcksorten am besten aufbewahren, wollen wir Ihnen in den entsprechenden Kapiteln sagen. Hier nur zwei Dinge, die Sie – gleichgültig, was für Plätzchen Sie gebacken haben – beachten sollten:

● jedes Gebäck muß vor der Aufbewahrung vollkommen ausgekühlt sein

● die einzelnen Gebäcksorten sollen wenn irgend möglich für sich allein aufbewahrt werden, damit sich die verschiedenen Aromen nicht vermengen können.

33 Tips, die die Arbeit erleichtern

● *Backbleche* sollen vor dem Belegen immer ausgekühlt sein. Zarte Plätzchen wie Makronen und Buttergebäck würden, auf ein warmes Backblech gelegt, sofort auseinanderfließen.

● *Backbleche* sind besonders schnell gereinigt, wenn sie noch heiß mit Küchenkrepp abgerieben werden. – Noch einfacher: Sie belegen Ihre Bleche mit Backtrennpapier.

● *Backproben* lohnen sich immer, wenn Sie sich über die Konsistenz Ihres Teiges nicht ganz sicher sind: Sollte der Teig einmal zu weich sein und das Probeplätzchen zerfließen (das geschieht vor allem bei Eierschaummassen immer dann, wenn die verwendeten Eier zu groß waren), so geben Sie noch etwas Mandeln, Nüsse . . . dazu.

● *Eier* sollen einzeln in eine Tasse geschlagen und erst dann verwendet werden; schlechte Eier lassen sich auf diese Weise leicht aussondern.

● *Eigelb* kann zum Bestreichen von Plätzchen mit ½ Tl Honig vermischt werden; das Gebäck erhält dann eine besonders schöne goldbraune Farbe.

● *Eigelb,* das übriggeblieben ist, kann leicht aufbewahrt werden, wenn man über das noch nicht zerronnene Eigelb etwas Öl oder Wasser gießt; vor Gebrauch wieder abgießen.

● *Eischnee* läßt sich mit 1–2 Tropfen Wasser, einer Prise Salz oder einigen Tropfen Zitronensaft besonders gut schlagen.

● *Eiweiß,* das übriggeblieben ist, hält sich, in gut verschlossenem Gefäß aufbewahrt, mindestens 1 Woche.

● Beim *Glasieren* sollte ein Stück Pergamentpapier oder Alu-Folie unter das Gitter gelegt werden; herabtropfende Glasur wird so sauber aufgefangen und kann weiter verwendet werden.

● *Hartes Gebäck,* das schnell weich werden soll, kann man in einen Tontopf geben, der vorher gewässert und wieder sehr gut abgetropft wurde.

● *Hefeteig* geht besonders gut auf, wenn Sie die zugedeckte Schüssel in ein auf schwächster Stufe erhitztes Backrohr stellen.

● *Honig* darf niemals überhitzt werden, er verliert nicht nur sein Aroma, sondern auch seine Treibkraft; Honiggebäck wird hart.

● *Mandeln,* Nüsse oder Haselnüsse lassen sich auf einem mit Zucker bestreutem Brett besser hacken.

● *Mandeln* und die verschiedenen Nußarten lassen sich besser halbieren, wenn sie naß sind.

● *Mandeln* für Spritzgebäck müssen besonders fein gemahlen sein (am besten zweimal durch die Mühle drehen), da sie sonst die Tülle verstopfen.

● *Mandeln,* mit denen Sie Ihre Gebäckstücke vor dem Backen belegen, sollten immer naß sein, sie werden dann nicht so leicht braun.

● *Mandeln* können ebenso wie Haselnüsse zu Beginn der Weihnachtsbäckerei in größeren Mengen gemahlen werden. Sie ersparen sich so, die Mandelmühle jedesmal von neuem herauszuräumen und danach putzen zu müssen. Bewahren Sie die Mandeln in einem gut geschlossenen Gefäß im Kühlschrank auf.

● *Marzipan,* das ausgerollt werden soll, legt man am besten zwischen zwei Stücke einer festen Folie.

● *Mürbteig,* der Ihnen zu weich zum Formen scheint, sollte auf keinen Fall mit zusätzlichem Mehl verknetet werden, er wird sonst hart und brüchig. Stellen Sie den Teig lieber für einige Zeit in den Kühlschrank, er läßt sich dann problemlos bearbeiten.

● Ein *Papiermaß,* d.h. ein in bestimmter Länge zugeschnittener Streifen Karton, bewährt sich immer dann, wenn Gebäck gleichmäßig geschnitten werden soll bzw. wenn lange Rollen für die Herstellung von Kipferln, Brezeln oder Ringen in gleichmäßige Stücke geteilt werden müssen.

● *Plätzchen* sollen zum Auskühlen auf ein Drahtgitter gelegt werden, sie bleiben so schön knusprig. Auf keinen Fall sollten sie auf dem Blech belassen werden.

● *Fertige Plätzchen,* vor allem wenn sie glasiert oder gefüllt sind, bleiben schöner, wenn Sie beim Aufbewahren zwischen jede Plätzchenschicht einen Bogen Pergamentpapier legen.

● Ihre *Rührschüssel* rutscht nicht, wenn Sie sie auf ein feuchtes Tuch stellen.

● *Schokolade,* die gerieben werden muß, wird nicht weich und klebt nicht an den Fingern, wenn Sie eine Mandelmühle oder eine Rohkostreibe verwenden.

● *Schokolade,* die geschmolzen wird, legen Sie am besten auf ein Stück Alu-Folie, sie läßt sich dann leichter zum Teig geben; außerdem bleibt das Geschirr sauber.

● *Schokoladeglasur* schmeckt besonders köstlich, wenn Sie statt Kuvertüre feine Eßschokolade verwenden; auch Milchschokolade ist geeignet und ergibt eine manchmal willkommene Abwechslung.

● *Schokoladeglasuren* dürfen niemals zu stark erhitzt werden (immer nur lippenwarm!), da sie sonst stumpf werden.

● *Teige,* die während des Ausrollens am Backbrett festgeklebt sind, lassen sich leicht lösen, wenn ein Zwirnsfaden zwischen Teig und Brett durchgezogen wird.

● *Teige,* die leicht bröckeln, lassen sich leichter ausrollen, wenn man sie zwischen zwei Stück Folie legt.

● *Zitronen* geben mehr Saft, wenn sie 1 Min. in heißes Wasser gelegt und dann noch kurz gerollt werden.

● *Zitronenhälften* bleiben frisch, wenn man sie auf eine mit Essig befeuchtete Untertasse legt.

Zitronenschalen lassen sich wie folgt am besten abreiben: Spannen Sie ein Stückchen Alu-Folie über das Reibeisen; Schale, die sich während des Reibens in den Zwischenräumen des Reibeisens festsetzen würde, kann so leicht abgehoben werden. – Das gleiche gilt natürlich auch für das Abreiben von Orangenschale.

● *Zucker* ballt bei der Lagerung oft zusammen. Geben Sie ihn vor Verwendung in einen großen Plastiksack und drücken Sie ihn mit dem Rollholz glatt.

Zu den Rezepten

Der nachfolgende Rezeptteil soll Sie mit einem Teil des besten und beliebtesten Weihnachtsgebäcks bekanntmachen. Dabei wurden die traditionsreichen Weihnachtsbrote an den Anfang gestellt. Die vielen, vielen Plätzchen wurden dann in der Reihenfolge ihrer Zubereitung aufgezählt: Beginnen Sie Ihr Backfest im Advent mit den Lebkuchen und hören Sie – kurz vor dem Heiligen Abend – mit etwas selbstgemachtem Konfekt auf.

Verschiedene Kuchen und Torten, die nur durch Backen in entsprechender Form (z. B. in einer Sternform) oder durch weihnachtliche Verzierung mit Tannengrün, Marzipansternen usw. zum »Festgebäck« werden, wurden in diesem Büchlein nicht aufgeführt. Da Sie fast jedes Kuchen- oder Tortenrezept auf diese Art »abwandeln« können, ist ihre Zahl zu groß und würde den Rahmen dieser Rezeptsammlung sprengen.

Um Ihnen die Arbeit durch größere Übersicht zu erleichtern, wurden die Zutaten für die einzelnen Rezepte – nach Arbeitsgängen – in Absätze gegliedert. Zutaten zum Vorbereiten der Bleche wie Fette und Mehl wurden nicht eigens aufgeführt; erstens sind diese Zutaten sowieso in jedem Haushalt vorhanden, zweitens benötigt man sie bei mit Teflon beschichteten Formen und Blechen nicht.

Die Mengenangaben für die verschiedenen Glasuren sind nur als Richtlinie gedacht, zu sehr schwankt die benötigte Menge abhängig von der Größe und dadurch wieder von der Zahl der vorhandenen Plätzchen.

1 Eßlöffel = 1 El, 1 Teelöffel = 1 Tl, 1 Messerspitze = 1 MSp

Gebäck mit Tradition

Schon seit gut 500 Jahren werden um die Weihnachtszeit überall in Deutschland spezielle Brote gebacken. Stollen nennt man sie zumeist im Westen, Striezel in Schlesien und Ostpreußen (nicht zu verwechseln mit dem in Österreich während des ganzen Jahres zubereiteten Hefezopf, der auch Striezel genannt wird). Auch der niederdeutsche Klöben ist mit ihnen verwandt. Sie alle haben ein charakteristisches Aussehen: dick weiß mit Puderzucker überzogen und in ihrer typischen »eingeschlagenen« Form sollen sie das eingewickelte Christkind symbolisieren.

Der echte Stollen (das Paradebeispiel ist der Dresdner Christstollen) wird aus einem üppigen, mit Rosinen, Zitronat . . . und Mandeln versetzten Hefeteig gebacken; und auch Striezel und Klöben sind nichts anderes als vielleicht nicht ganz so reichhaltige Abwandlungen dieses Teiges. Im nachfolgenden Kapitel wollen wir Ihnen die Rezepte von einigen der typischsten Gebäckstücke aufzeigen.

Neben diesem traditionsreichsten deutschen Weihnachtsgebäck gibt es aber noch eine Reihe von Broten, die ebenfalls nur zur Weihnachtszeit gebacken werden.

Eine ähnliche Tradition haben aber auch die im alemannisch-schwäbischen Raum beheimateten Brote aus getrockneten Früchten wie z. B. das Tiroler Kletzenbrot, das schwäbische Hutzelbrot, die Südtiroler Zelten und viele andere. Vor allem in ländlichen Gegenden war dieses »Brot« der einzige Luxus zur Weihnachtszeit.

Alle diese Gebäckstücke haben den Vorteil, daß sie gut verpackt lange haltbar sind und daher rechtzeitig vor dem Fest zubereitet werden können.

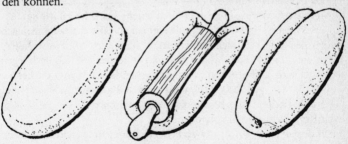

Christstollen formen (Rezept S. 30)

Stollen – Striezel – Brote

Dresdner Christstollen

400 g Rosinen, 150 g Korinthen, 4 El Rum, 75 g Orangeat, 75 g Zitronat, 250 g Mandeln, 4 bittere Mandeln (oder 3 Tropfen Bittermandelaroma)
1 kg Mehl, 100 g Hefe, Milch nach Bedarf (etwa ¹/₂ l), 150 g Zucker, 1 Tl Salz, die abgeriebene Schale von 1 Zitrone, 450 g Butter
50 g Butter, Puderzucker

Rosinen und Korinthen sauber abwischen, mit dem Rum übergießen und zugedeckt mehrere Stunden, am besten über Nacht, stehen lassen. – Orangeat und Zitronat fein hacken. – 150 g Mandeln schälen und hacken, die restlichen Mandeln und die Bittermandeln schälen und reiben.

Das Mehl in eine Schüssel sieben und in die Mitte eine Vertiefung machen. Die Hefe mit 1 Tl Zucker und ¹/₈ l lauwarmer Milch verrühren und in diese Vertiefung geben. Die Schüssel beiseite stellen und die Hefe zugedeckt gehen lassen.

Das Mehl mit der gegangenen Hefe vermischen, den restlichen Zucker, das Salz, die abgeriebene Zitronenschale und die geschmolzene lauwarme Butter dazugeben; vermischen und so viel Milch zugeben, daß ein fester Teig entsteht; diesen so lange gut durchkneten und schlagen, bis er seidig glatt geworden ist und Blasen schlägt. Erst jetzt die vorbereiteten Rosinen und Korinthen, Orangeat und Zitronat und die Mandeln zugeben und vorsichtig einarbeiten. Den Teig zudecken und vor der Weiterverarbeitung an mäßig warmem Ort einige Stunden gehen lassen.

Den gegangenen Teig in zwei Hälften teilen; aus jeder Hälfte ein langes Brot formen, mit dem Teigroller in einem Drittel der Länge nach eindrücken und das kleinere Teigstück über das größere schlagen. Jeden der so geformten Stollen auf ein gut gefettetes Backblech legen und nochmals 1–2 Stunden zugedeckt gehen lassen. Dann die beiden Stollen in den auf 200–220° vorgeheizten Backofen schieben und hellbraun backen. Die Backzeit beträgt zwischen 50–70 Min. – je nach Konsistenz der Christstollen.

Nach dem Backen sofort mit zerlassener Butter bestreichen und dick mit Puderzucker bestreuen.

Dieser Stollen ist gut verpackt sehr lange haltbar. Er wird vor dem Aufschneiden nochmals mit Puderzucker bestreut (Abb. S. 33).

Honigteigbrot

150 g Honig, ¼ l Milch – 200 g Butter, 120 g Zucker, 4 Eier, 1 Tl Zimt, 1 Tl Nelkenpulver, 2 Tl Ingwerpulver, 1 Prise Kardamom, 1 Prise Muskatblüte, 500 g Mehl, 1 Päckchen Backpulver

Den Honig mit der Milch im Wasserbad erwärmen. – Die Butter mit dem Zucker schaumig rühren. Die Eier einzeln dazugeben und weiter dickschaumig schlagen. Das erwärmte Honig-Milch-Gemisch und die Gewürze einrühren. Zuletzt das mit dem Backpulver gemischte Mehl darübersieben. – Die Masse in eine gut gefettete Kastenform füllen. In einem auf 160° vorgeheizten Backrohr (60–80 Min.) langsam backen. (Abb. S. 34 links).

Mandelstollen

500 g Mehl, 40 g Hefe, etwa ¼ l Milch, 80 g Zucker – 200 g Butter, ½ Tl Salz, 1 Prise Kardamom, 1 Ei – 50 g Mandeln geschält und gerieben, 150 g Mandeln geschält und gehackt, 50 g Zitronat gehackt
50 g Butter, zerlassen, Puderzucker

Das Mehl in eine Schüssel geben und eine Vertiefung anbringen. Die Hefe mit der Hälfte der Milch und 1 Tl Zucker verrühren, in die Vertiefung geben und zugedeckt auf das doppelte Volumen gehen lassen. – Inzwischen die Butter mit dem restlichen Zucker, den Gewürzen und dem Ei schaumig rühren. – Das Mehl mit der gegangenen Hefe und der Schaummasse mischen. Die Mandeln, das Zitronat und noch so viel Milch dazugeben, daß ein fester Teig entsteht. Alles zusammen kräftig schlagen, bis der Teig seidig glatt wird und Blasen wirft; zudecken und 1 Stunde an mäßig warmem Ort gehen lassen. – Den Teig dann zu einem länglichen Kloß formen, flachdrücken und mit dem Rollholz in einem Drittel der Länge nach eine Vertiefung anbringen. Die schmälere Hälfte über die größere schlagen und leicht festdrücken. Auf gut gefettetem Backblech bei 200° goldbraun backen (60–70 Min.). Den fertigen Mandelstollen noch heiß mit zerlassener Butter bepinseln und dick mit Puderzucker bestreuen.

Leipziger Rosinenstollen

125 g Rosinen, 125 g Sultaninen, 2 El Rum – 500 g Mehl, 40 g Hefe, etwa ¼ l Milch, 100 g Zucker – 150 g Butter, 1 Ei, ½ Tl Salz, 1 MSp Kardamom, die abgeriebene Schale von ½ Zitrone, 50 g Mandeln gerieben, 40 g Zitronat feinst gehackt 50 g zerlassene Butter, 1 Tl Zimt, Puderzucker

Die Rosinen und die Sultaninen 2–3 Stunden im Rum einweichen. – Das Mehl in eine Schüssel sieben und in die Mitte eine Grube machen. Die Hefe mit der Hälfte der Milch und 1 Tl Zucker verrühren, in die Vertiefung geben und zugedeckt gehen lassen. – Das Mehl mit der gegangenen Hefe mischen. Den restlichen Zucker, die weiche Butter, das Ei, die Gewürze, die Mandeln und das Zitronat einarbeiten. Noch so viel Milch zugeben, daß ein mittelfester Teig entsteht; diesen noch so lange abschlagen, bis er seidig glatt wird und Blasen wirft. Jetzt die vorbereiteten Rosinen und Sultaninen vorsichtig einarbeiten. Den Teig dann zudecken und 40–50 Min. an mäßig warmem Ort gehen lassen. – Den gegangenen Teig leicht flachdrücken. In einem Drittel mit dem Rollholz eine Vertiefung anbringen. Die schmalere Hälfte über den größeren Teil schlagen. Den Stollen in einem auf 180° vorgeheizten Backrohr goldbraun backen (etwa 50 Min.).
Nach kurzem Überkühlen mit zerlassener Butter bepinseln und mit Zimt-Zucker bestreuen.

Königsberger Striezel

500 g Mehl, 50 g Hefe, etwa ¼ l Milch, 60 g Zucker – 200 g Butter, 3 Eier, ½ Tl Salz, die abgeriebene Schale von ½ Zitrone 1 Eiweiß – 1 Eigelb, 1 El Wasser – Puderzucker 450 g Mandeln geschält und sehr fein gerieben, 10 Bittermandeln geschält und gerieben (oder 8 Tropfen Bittermandelöl), 400 g Puderzucker, 4 El Rosenwasser, 1 Ei, 1 Eigelb

Das Mehl in eine Schüssel geben, in der Mitte eine Vertiefung machen. Die Hefe mit der Hälfte der Milch und 1 Tl Zucker verrühren, in die Vertiefung geben und zugedeckt auf das doppelte Volumen gehen lassen. – Das Mehl mit der gegangenen Hefe, der erweichten (nicht zerlassenen!) Butter, den Eiern, Salz und Zitronenschale mischen und noch so viel Milch zugeben, daß ein festerer Hefeteig ent-

Dresdner Christstollen (S. 30)

steht. So lange kräftig schlagen, bis der Teig seidig glänzt und Blasen wirft; zudecken und nochmals 40–50 Min. gehen lassen. – Den Teig dann zu zwei fingerdicken schmaleren Rechtecken ausrollen. Jedes dieser Rechtecke mit Eiweiß und dann mit der Marzipanfüllung so bestreichen, daß rundherum ein 1½ cm breiter Rand frei bleibt. Nun bei jedem Teigrechteck das linke Drittel über die Mitte schlagen, das rechte Teigdrittel zunächst in der Mitte zusammenlegen und dann noch so über die bereits zusammengelegte linke Teilhälfte schlagen, daß etwa 3 cm frei bleiben. Die überlappenden Stellen mit etwas Eiweiß bestreichen und leicht festdrücken. Den so vorbereiteten Stollen nochmals zugedeckt 20 Min. gehen lassen. – Dann mit dem mit Wasser verquirlten Ei bestreichen und bei 200° backen (etwa 50 Min.). Noch warm dick mit Puderzucker bestreuen.
Marzipanfüllung: Die fein geriebenen Mandeln, die Bittermandeln, den Puderzucker und das Rosenwasser sehr gut mischen; das Ei und das Eigelb einrühren. (Sollte die Masse zu fest sein, kann noch etwas Rosenwasser zugesetzt werden.)

Mohnstriezel

500 g Mehl, 40 g Hefe, etwa ¼ l Milch, 60 g Zucker – 2 Eier, 120 g Butter, ½ Tl Salz, die abgeriebene Schale von ½ Zitrone ⅜ l Milch, 30 g Grieß, 250 g Mohn, 100 g Zucker, 2 Päckchen Vanillezucker, ½ Zitrone (Saft und Schale), 1 El Rum, 2 Eigelbe, 70 g Sultaninen, 50 g Mandeln geschält und gehackt 200 g Puderzucker, 50 g zerlassene Butter – oder 200 g Puderzucker, 1 Eiweiß, 1–2 El Zitronensaft

Das Mehl in eine Schüssel sieben und in die Mitte eine Vertiefung machen. Die Hefe mit der Hälfte der Milch und 1 Tl Zucker verrühren, in die Vertiefung geben und zugedeckt gehen lassen. – Die gegangene Hefe mit dem Mehl vermischen, die Eier, die weiche Butter und die Gewürze dazugeben. So viel Milch zugeben, daß ein mittelfester Teig entsteht. Alles gut vermischen und so lange kräftig schlagen, bis der festere Teig glatt glänzend wird und Blasen schlägt. Die Schüssel zudecken und den Teig 30–40 Min. an mäßig warmem Ort gehen lassen. – Den gegangenen Teig zu einem fingerdicken Rechteck ausrollen. Die Mohnfüllung so darauf streichen, daß rundherum ein 1½–2 cm breiter Rand frei bleibt. Den Striezel von beiden Seiten her aufrollen, an der Nahtstelle mit Eiweiß bestreichen und gut zusam-

Mohnstriezel einrollen

mendrücken. Zuletzt mit der Handkante an der Nahtstelle eine Kerbe eindrücken. – Den Striezel in einem auf 200° vorgeheizten Backrohr 35–45 Min. backen. Den überkühlten Striezel mit zerlassener Butter bestreichen und dick mit Puderzucker bestreuen oder mit Zitronenglasur bestreichen.

Mohnfüllung: Die Milch erhitzen, den Grieß und den Mohn einrieseln lassen und alles zusammen kurz aufkochen. Zucker, Vanillezukker, Zitronensaft und abgeriebene Zitronenschale mit der heißen Masse verrühren. Nach dem Abkühlen den Rum, die Eigelbe, die Sultaninen und die Mandeln dazugeben.

Zitronenglasur: Den gesiebten Puderzucker mit zerlassener Butter oder mit dem Eiweiß und der nötigen Menge Zitronensaft zu einem dicken Guß verrühren.

Quarkstollen

125 g Sultaninen, 125 g Korinthen, 125 g Mandeln gehackt, 50 g Orangeat gehackt, 50 g Zitronat gehackt, 2–3 El Rum
500 g Mehl, 1 Päckchen Backpulver, 200 g Butter, 200 g Zucker, 2 Eier, die abgeriebene Schale von 1 Zitrone, 1 Tl Salz, 1 Prise Zimt, 1 Prise Kardamom, 250 g Quark
50 g Butter, geschmolzen, Puderzucker

Sultaninen, Korinthen, Mandeln, Orangeat und Zitronat bereits am Vorabend mit Rum begießen und zugedeckt marinieren lassen. – Das Mehl mit dem Backpulver auf ein Backbrett sieben und mit der kalten kleingeschnittenen Butter verbröseln. Zucker, Eier und Gewürze miteinander schaumig rühren und dazugeben. Mit dem Quark mischen und zu einem glatten Teig verkneten. Zuletzt die marinierten Früchte (Sultaninen, Korinthen, Mandeln, Orangeat und Zitronat) einarbeiten. – Einen Stollen formen, auf ein gefettetes, bemehltes

Backblech legen und in dem auf 200° vorgeheizten Rohr zu guter Farbe backen (60–80 Min.). – Den Stollen sofort mit zerlassener Butter bestreichen und dick mit Puderzucker bestreuen.

Rheinischer Weihnachtsstollen

200 g Sultaninen, 50 g Korinthen, 50 g Zitronat, 40 g Orangeat, 100 g Mandeln geschält und gehackt, 6 Tropfen Bittermandelaroma, 2 El Rum – 500 g Mehl, 50 g Hefe, etwa $1/4$ l Milch, 100 g Zucker – 180 g Butter, 50 g Butterschmalz, 1 Ei, $1/2$ Tl Salz, die abgeriebene Schale von 1 Zitrone, 1 MSp Kardamom 350 g Rohmarzipan – 50 g zerlassene Butter, Puderzucker

Sultaninen, Korinthen, Zitronat, Orangeat und Mandeln mit dem Bittermandelaroma und dem Rum mischen und über Nacht zugedeckt stehen lassen. – Das Mehl in eine Schüssel sieben und in die Mitte eine Vertiefung machen. Die Hefe mit der Hälfte der lauwarmen Milch und 1 Tl Zucker verrühren, in die Vertiefung geben und zugedeckt gehen lassen. – Das Mehl mit der gegangenen Hefe mischen. Die weiche Butter, das Butterschmalz, das Ei und die Gewürze dazugeben. Noch so viel Milch zugeben, daß ein festerer Teig entsteht; so lange gut kneten und abschlagen, bis die Oberfläche seidig glatt wird und der Teig Blasen wirft; dann an mäßig warmem Ort 40–50 Min. gehen lassen. – Den gegangenen Teig mit dem Handballen flachdrücken. Die marinierten Sultaninen, Korinthen, Orangeat, Zitronat und Mandeln darauflegen und leicht einarbeiten. Den Teig zu einem zwei Finger dicken Rechteck ausrollen. Die Marzipanrohmasse zu einem kleineren Rechteck ausrollen und darauflegen. Den Teig von beiden Seiten darüberschlagen, so daß ein Stollen entsteht, und bei 200° 60–80 Min. backen. – Den Stollen noch heiß mit geschmolzener Butter bestreichen und dick mit Puderzucker bestreuen.

Sächsisches Mandelbrot

3 Eier, 250 g Zucker, 2 Tl Zimt, $1/2$ Tl Nelkenpulver, 1 Prise Salz, 250 g Mandeln in Stifte geschnitten, 300–330 g Mehl, $1/2$ Tl Backpulver

Die Eier mit dem Zucker und den Gewürzen dickschaumig rühren. Die Mandeln dazugeben. Das Mehl mit dem Backpulver sieben und so viel einarbeiten, daß ein gut formbarer Teig entsteht. – Ein längliches Brot formen, auf ein gut gefettetes Blech legen und bei 180° goldbraun backen (etwa 60 Min.). – Das Sächsische Mandelbrot noch warm in dünne Scheiben schneiden und diese in einer Blechdose aufbewahren.

Wiener Nußstrudel

500 g Mehl, 25 g Hefe, 50 g Zucker, etwa $1/8$ l Milch – $1/2$ Tl Salz, 200 g Butter, 1 Ei, 1 Eigelb – 1 Eigelb
250 g Walnüsse, 50 g Semmelbrösel, 50 g Zucker, 1 MSp Zimt, 30 g Rosinen, 30 g Butter, 2 El Honig, 1 Tl Rum, $1/4$ l Milch

Das Mehl in eine Schüssel sieben und in die Mitte eine Vertiefung machen. Die Hefe mit $1/2$ Tl Zucker und 3 El lauwarmer Milch verrühren und in die Vertiefung geben und zugedeckt gehen lassen. – Das Mehl mit der gegangenen Hefe, dem restlichen Zucker, dem Salz, der zerlassenen Butter, dem Ei und dem Eigelb zu einem mittelfesten Teig verarbeiten und diesen so lange kräftig schlagen, bis er Blasen wirft; zudecken und 20 Min. gehen lassen. – Den Teig dann halbieren. Jede Hälfte zu einem daumendicken Rechteck ausrollen, mit Nußfüllung bestreichen und der Länge nach eng einrollen. – Die Strudel mit dem geschlagenen Eigelb bestreichen und nochmals $1/2$–$3/4$ Stunde gehen lassen; dann bei 180° goldbraun backen (30–45 Min.).
Nußfüllung: Die geriebenen Nüsse mit sämtlichen anderen Zutaten so lange unter ständigem Rühren erhitzen, bis die Masse aufpufft, dann zugedeckt erkalten lassen.

Wiener Mohnstrudel

Zutaten für Hefeteig wie bei Wiener Nußstrudel
250 g Mohn gerieben, 80 g Zucker, 1 MSp Zimt, 1 El Honig, 1 Tl Rum, $1/4$ l Milch

Bereiten Sie einen Hefeteig wie bei Wiener Nußstrudel beschrieben; stellen Sie die Strudel auf die gleiche Art her, verwenden Sie aber folgende Füllung.
Mohnfüllung: Den geriebenen Mohn mit den übrigen Zutaten mischen und unter ständigem Rühren fast bis zum Sieden erhitzen, dann zugedeckt abkühlen lassen.

Früchtebrotvariationen

Tiroler Kletzenbrot

*800 g Kletzen (getrocknete Birnen), 300 g Dörrpflaumen, 200 g
Rosinen, 150 g Orangeat, 200 g Nüsse, ⅛ l Rum (oder Zwetschgenwasser), 1 El Zimt, 1 Tl Nelkenpulver, 1 MSp Piment, 1 Zitrone (Saft und abgeriebene Schale)
300 g Roggenmehl, 150 g Weizenmehl, 20 g Hefe, 1 Prise Zukker, ½ Tl Salz – oder 400–500 g Mischbrotteig vom Bäcker
1–2 El schwarzer Kaffee*

Die Birnen (Stiele und Fliege entfernen) und die entkernten Dörrpflaumen über Nacht einweichen und dann im Einweichwasser weich
kochen. Die weichen Früchte nudelig schneiden. Die Rosinen reini-
gen. Das Orangeat und die Nüsse hacken. Sämtliche Früchte mischen
und mit dem Rum und den Gewürzen vermengen. – Das Mehl in
eine Schüssel geben und eine Vertiefung machen. Die Hefe mit einer
Prise Zucker und etwa ⅛ l lauwarmer Kochflüssigkeit verrühren, in
die Vertiefung geben und zugedeckt gehen lassen. Den Hefeansatz
dann mit dem Mehl mischen, gut durchkneten und ½ Stunde ruhen
lassen. – Das Teigstück mit den vorbereiteten Früchten mischen. Je
nach Belieben 2–4 längliche Laibe formen und mit einigen zurückbehaltenen Nußhälften verzieren. – Die Kletzenbrote etwa 2 Stunden
bei Zimmertemperatur gehen lassen, dann bei 180° etwa 70 Min.
backen. Gegen Ende der Backzeit mit schwarzem Kaffee bestreichen,
fertig backen und unmittelbar nach dem Herausnehmen nochmals
bestreichen.

Zürcher Birnenweggen

*750 g gedörrte Birnen, 200 g Dörrpflaumen, ½ l Rotwein, ⅛ l
Wasser – 100 g Feigen, 50 g Sultaninen, 200 g Walnüsse, 100 g
Zitronat, 1½ El Zimt, 1 Tl Nelkenpulver, 1 Zitrone (Saft und
Schale), 1 Gläschen Kirschwasser
500 g Mehl, 150 g Butter, ⅛ l Sahne, 1 Ei, ½ Tl Salz, 20 g Hefe
1 Eigelb, 1 Tl Wasser*

Die Birnen von Stiel und Fliege befreien und zusammen mit den entkernten Pflaumen im verdünnten Rotwein einweichen; mindestens 24

Stunden stehen lassen und dann weich kochen. Die Früchte abseihen und durch die Fleischmaschine treiben. – Den Fruchtbrei mit den in kleine längliche Stückchen geschnittenen Feigen, den Sultaninen, den grob gehackten Walnüssen, dem fein gehackten Zitronat, den Gewürzen und dem Kirschwasser mischen und zugedeckt etwa 2 Stunden stehen lassen.

Das Mehl in eine Schüssel sieben. Die Butter erweichen, ohne daß sie warm wird, mit der Sahne, dem Ei und dem Salz verquirlen und diese Mischung über das Mehl gießen. Die in 2 El des Einweichwassers verrührte Hefe dazugeben. Alles sehr gut mischen und zugedeckt wenigstens 2 Stunden rasten lassen. – Den Hefeteig 3 mm dick ausrollen und in 2–4 beliebig große Rechtecke schneiden. Die Füllung in so viele Teile teilen, wie Rechtecke vorhanden sind. Jeden dieser Teile in Form eines Brotes auf den Teig legen. Den Hefeteig herumschlagen und an den Seiten gut festdrücken. Die Weggen – Nahtseite nach unten – auf ein gut gefettetes Backblech geben, mit dem verquirlten Eigelb bestreichen und mehrmals mit einer Gabel einstechen. (Wenn Sie diese Einstiche in einem Muster anbringen, haben Sie gleichzeitig eine hübsche Verzierung.) In dem auf 200° vorgeheizten Backrohr hellbraun backen (30–50 Min.).

Bozner Zelten

500 g Sultaninen, 500 g Rosinen, 500 g Feigen, 250 g Datteln, 60 g Orangeat, 100 g Zitronat, 100 g Pinienkerne, 100 g Mandeln, 250 g Walnüsse, 1 Zitrone (Saft und abgeriebene Schale), $^1/_8$ l Rum (oder Zwetschgenwasser); 1 El Zimt, 1 Tl Nelkenpulver, 1 Tl Anis gestoßen, je nach Geschmack 50–150 g Zucker
400 g Mehl, 30 g Hefe – 1 Ei, 40 g Butter, $^1/_2$ Tl Salz, halbierte Mandeln oder Nußhälften – 2 El Zucker, $^1/_8$ l Wasser

Die Sultaninen und die Rosinen grob hacken. Die Feigen und die Datteln in längliche Streifen schneiden. Orangeat und Zitronat fein hacken. Die Pinienkerne und die Mandeln stifteln, die Walnüsse hacken. – Alle diese Früchte miteinander und mit Zitronensaft und der abgeriebenen Zitronenschale mischen, mit dem Rum übergießen und zugedeckt über Nacht stehen lassen. Am nächsten Tag die Gewürze und die gewünschte Zuckermenge zugeben und das Ganze noch weitere 2–3 Stunden ziehen lassen.

Das Mehl in eine Schüssel sieben und in der Mitte eine Vertiefung machen. Die Hefe mit $^1/_2$ Tl Zucker und $^1/_8$ l Milch verrühren und zugedeckt in der Vertiefung gehen lassen. – Das Mehl mit der gegangenen Hefe, dem Ei, der weichen Butter und dem Salz mischen. Die vorbereiteten Früchte dazugeben und alles miteinander sehr sorgfältig verkneten. Aus dem Teig drei Finger dicke Zelten (längliche oder runde Brote) in beliebiger Größe formen und je nach Belieben mit Mandeln- oder Nußhälften verzieren. Die Zelten auf ein gut gefettetes Blech geben und bei 200° schön braun backen. Kurz vor beendeter Backzeit mit Zuckerwasser bestreichen, fertig backen und nochmals bepinseln.

Früchtebrot im Mantel

300 g getrocknete Birnen, 300 g getrocknete Aprikosen, 200 g Dörrpflaumen, 200 g Feigen – 100 g Walnüsse, 100 g Haselnüsse, 150 g Sultaninen, 50 g Orangeat, 50 g Zitronat, 125 g Puderzucker, 1 El Zimt, $^1/_2$ Tl Nelkenpulver, 1 MSp Piment, 1 MSp Ingwer, 1 Zitrone (Saft und abgeriebene Schale), 1 Gläschen Kirschwasser (oder Zwetschgenwasser)
600 g Roggenbrotteig
750 g Mehl, 400 g Butter, $^1/_8$ l Sahne, 50 g Hefe, 3 Eier, 1 Tl Salz – 1 Eigelb, Mandeln (oder Nußhälften) halbiert und geschält

Die Birnen über Nacht in reichlich Wasser einweichen, dann von Stiel und Fliege befreien und in der Einweichflüssigkeit weich kochen. Die Aprikosen, die Zwetschgen und die Feigen mindestens 24 Stunden in reichlich Wasser einweichen. – Birnen, Aprikosen, Zwetschgen und Feigen abseihen und grob hacken. Die Walnüsse und die Haselnüsse grob hacken, die Sultaninen, das Orangeat und das Zitronat fein schneiden. Die Trockenfrüchte, die Nüsse, die Rosinen, Orangeat und Zitronat mischen. Puderzucker, sämtliche Gewürze und zuletzt das Kirschwasser (Zwetschgenwasser) zugeben und nochmals gut durchmischen. – Diese Fruchtmasse mit dem Brotteig verkneten und je nach Wunsch 2–4 längliche Laibe formen. – Das Mehl mit der kalten Butter verbröseln. Die in der Sahne verrührte Hefe, die Eier und das Salz zugeben und alles zu einem glatten Teig verkneten; 1 Stunde ruhen lassen. – Den Teig in vier Stücke teilen. Jedes Stück so zu einem Rechteck ausrollen, daß die vorbereiteten Fruchtbrote locker darin eingepackt werden können. Die Brote, Nahtstelle nach unten, auf ein gefettetes, bemehltes Backblech legen;

mehrmals mit einer Gabel einstechen, mit Eigelb bestreichen und mit Mandelhälften oder Nußhälften verzieren. Bei 200° goldbraun bakken (50–70 Min.)

Hutzelbrot

500 g Hutzeln (gedörrte Birnen), 500 g Dörrpflaumen, 250 g Feigen
500 g Mehl, 30 g Hefe, 1 Prise Zucker – ¹/₂ Tl Salz, 50 g Zitronat, 50 g Orangeat, 450 g Sultaninen, 250 g Mandeln gehackt, 250 g Walnüsse (oder Haselnüsse) grob gehackt, 200 g Zucker, 2 El Zimt, 2 Tl Nelkenpulver, ¹/₂ Tl Piment, 1 El Anis fein gehackt, Mehl nach Bedarf
Mandeln geschält und halbiert – 1 Tl Stärkemehl

Die Birnen einige Stunden mit Wasser bedeckt weichen lassen, dann von Stiel und Fliege befreien, nudelig schneiden und im Einweichwasser weich kochen. – Die Dörrpflaumen entsteinen und nudelig oder würfelig schneiden. – Die Birnen mit der Kochflüssigkeit heiß über die Pflaumen gießen, die kleingeschnittenen Feigen dazugeben und alles zugedeckt über Nacht stehen lassen.
Das Mehl in eine Schüssel sieben und eine Vertiefung anbringen. Die Hefe mit einer Prise Zucker und etwa ¹/₄ l des lauwarmen Kochwassers verrühren, in diese Vertiefung geben und zugedeckt gehen lassen. – Das Mehl mit dem gegangenen Hefeansatz mischen. Das Salz, das fein gehackte Zitronat, das gehackte Orangeat, die Sultaninen, die Mandeln, die Nüsse und Zucker und die Gewürze dazugeben und in den Teig arbeiten. Die vorbereiteten Früchte (Birnen, Pflaumen und Feigen) dazugeben. Alles zusammen gut miteinander verarbeiten und – wenn der Teig noch etwas zu weich sein sollte – etwas Mehl einkneten. 6–8 längliche Brote formen und zugedeckt etwa 2 Stunden ruhen lassen. – Die Laibe dann mit halbierten Mandeln (eventuell auch einige kandierte Früchte) verzieren und in einem auf 180° vorgeheizten Rohr goldbraun backen (50–70 Min.). – Das Stärkemehl mit etwas Kochwasser verrühren und die Hutzelbrote kurz vor Beendigung des Backens und – ein zweites Mal – nachdem sie aus dem Rohr kommen, bestreichen.

Lebkuchen & Co

Lebkuchen gehören zu den besonders althergebrachten Gebäckstük-ken. So finden wir die Honigkuchen bereits im ausgehenden Mittelalter, wo an Stelle des Zuckers – damals in Europa kaum erhältlich und sehr teuer – Honig zum Süßen der verschiedensten Speisen verwendet wurde. Die ersten dieser »Kuchen« wurden wohl in Klöstern zubereitet.

Ein charakteristisches Merkmal aller Lebkuchen sind die Gewürze. Besonders kräftig gewürzte Lebkuchen werden auch *Pfefferkuchen* genannt, nicht weil sie »Pfeffer« enthalten (das trifft nur in Ausnahmefällen zu), sondern weil fast alle der darin verwendeten Gewürze aus den »Pfefferländern«, wie die gewürzliefernden Länder seinerzeit genannt wurden, stammen. *Honigkuchen* sind mit Honig zubereitete Lebkuchen.

Lebkuchen werden meist lange vor Weihnachten gebacken und müssen besonders sorgfältig aufbewahrt werden: Am besten schichten Sie sie nach dem Abkühlen in gut schließende Blechdosen, die sie zunächst offen an einen möglichst feuchten Ort stellen, bis das Gebäck die von Ihnen gewünschte »Weichheit« besitzt. Erst dann wird die Dose gut verschlossen. – Haben Sie keinen entsprechenden feuchten Ort zur Verfügung, so können Sie einige Kartoffelscheiben, einige Apfelschnitze, ein paar Orangenschalen oder ein Stück Brot in die Dose legen (nicht direkt auf das Gebäck, sondern auf ein Stückchen Folie!) und von Zeit zu Zeit erneuern.

Aachener Printen

500 g brauner Sirup, 2 El Wasser, 75 g Zucker, 100 g Kandiszukker, 50 g Orangeat fein geschnitten, 1 Tl Orangenschale gehackt, 1 Tl Zimt, 1 Tl Anis gemahlen, 1 MSp Nelkenpulver, 1 Tl Kardamom, 1 Prise Salz, 10 g Pottasche, 1 El Rum, 600 g Mehl
1–2 El Honig, 1 El Wasser
150 g Puderzucker, 4 El heiße Milch, 150 g Kochschokolade, 10 g Kokosfett

Sirup, Wasser, Zucker und Kandiszucker zusammen aufkochen, dann unter häufigem Rühren erkalten lassen. Das Orangeat kleinschneiden und mit den anderen Gewürzen einrühren. Die Pottasche in Rum lösen und gleichzeitig mit 500 g Mehl dazugeben. Alles zusammen zu einem Teig kneten und diesen gut zugedeckt bei Zimmertemperatur wenigstens 5 Tage (mehr schadet nicht) ruhen lassen. – Den Teig dann mit dem restlichen Mehl nochmals durchkneten, 3–4 mm dick ausrollen und in 3 cm breite, etwa 8 cm lange Rechtecke schneiden. – Die Streifen in dem auf 180° vorgeheizten Rohr 15–20 Min. hell backen. Die Hälfte der fertigen Printen noch heiß mit Honig, der zuvor mit heißem Wasser verrührt wurde, bestreichen, die andere Hälfte mit Schokoladeglasur überziehen.

Schokoladeglasur: Den Zucker in der heißen Milch lösen und langsam die mit dem Kokosfett im Wasserbad geschmolzene Schokolade dazurühren.

Altösterreichische Honigkuchenschnitten

125 g Honig, 50 g Butter, 100 g Farinzucker – 400 g Roggenmehl (zur Not Weizenmehl), die abgeriebene Schale von 1 Zitrone, 1 Tl Zimt, 1 MSp Piment, 1 MSp Nelkenpulver, 1 MSp Koriander, 1 Prise Salz, 2 Eier, 1 Tl Pottasche, 1 El Rum, 100 g Haselnüsse gerieben – 150 g Haselnüsse gehackt, 50 g Rosinen, 100 g Orangeat kleingeschnitten, 2 El Rum, 2 Päckchen Vanillezucker, 50 g Zucker
125 g Puderzucker, 2 Eiweiße, 2 El Zitronensaft, 1–2 El Wasser

Honig, Butter und Zucker im Wasserbad zergehen lassen. – Das Mehl mit den Gewürzen, den Eiern, der im Rum gelösten Pottasche und den Haselnüssen vermischen. Die Honigmasse dazugeben. Alles gut verkneten und 1–2 Tage zugedeckt ruhen lassen. – Haselnüsse, Rosinen und Orangeat mit Rum, Vanillezucker und Zucker vermischen und über Nacht stehen lassen. – Den Honigkuchenteig in drei Teile schneiden. Jedes Stück zu einem Rechteck ausrollen (etwa 3 mm dick). Den ersten Teil auf ein gefettetes Backblech legen und mehrmals mit einer Gabel einstechen. Mit der Hälfte der Füllung bestreichen. Die zweite Platte auflegen, mehrmals einstechen und mit der restlichen Füllung belegen. Die dritte Platte darübergeben. Alles gut festdrücken (am besten mit dem Rollholz). Den Honigkuchen bei 160° backen (35–40 Min.), aus dem Rohr nehmen und sofort mit Pfefferkuchenglasur bestreichen. Kurz überkühlen lassen und dann in kleine, längliche Schnittchen schneiden (etwa 1 ½ × 3 cm groß).

Pfefferkuchenglasur: Puderzucker, Eiweiße und Zitronensaft zu einer dicken Masse verrühren. Wenn nötig noch mit etwas heißem Wasser verdünnen.

Basler Leckerli

450 g Honig, 200 g Zucker – 500 g Mehl, 1 Tl Zimt, 1 MSp Nelkenpulver, 1 MSp Kardamom, 1 Prise Salz, 75 g Zitronat gehackt, 75 g Orangeat gehackt, 250 g Mandeln geschält und gehackt – 1–2 El Kirschwasser, 3 g Pottasche

Den Honig zusammen mit dem Zucker so lange im Wasserbad erwärmen, bis der Zucker gelöst ist. – Das Mehl mit den Gewürzen mischen. Zitronat, Orangeat und Mandeln zum Mehl geben. Die Pottasche im Kirschwasser lösen. Die Honig-Zucker-Mischung und die im Kirschwasser gelöste Pottasche ebenfalls zu dem Mehl geben, einen Teig kneten und diesen 1 Stunde ruhen lassen. Den Teig dann in zwei Stücke teilen, fingerdick ausrollen und auf je ein Backblech geben. Bei 180 ° etwa 20 Min. backen. Noch heiß glasieren und dann sofort in zwei Finger breite, daumenlange Stücke schneiden.
Glasur: Den Puderzucker so lange mit dem Wasser kochen, bis er Fäden zieht und sofort aufstreichen.

Breslauer Leckerbissen

125 g Honig, 100 g Zucker, 20 g Butter, 1 Ei, 25 g Haselnüsse gemahlen, 1 Tl Kakao, 1 Tl Zimt, 1 MSp Nelkenpulver, 1 MSp Kardamom, 1 MSp Muskatblüte, 1 Prise Salz, 4 El schwarzer Kaffee, 10 g Hirschhornsalz, 375 g Mehl
300 g Marzipanrohmasse, 100 g Puderzucker – Himbeermarmelade – 200 g Kochschokolade, 30 g Kokosfett

Den Honig im Wasserbad leicht erwärmen, dann mit dem Zucker und der Butter verrühren. Das Ei, die Haselnüsse, den Kakao und die Gewürze dazugeben. Zuletzt das im Kaffee gelöste Hirschhornsalz und das Mehl beimischen. Einen glatten Teig kneten und diesen mindestens 4 Stunden (mehr schadet nicht) ruhen lassen. – Den Teig halbieren. Jede Hälfte zu einem etwa 3 mm dicken Rechteck ausrollen, auf ein gefettetes Backblech legen und bei 180° hellbraun backen (15–25 Min.).

Das Rohmarzipan mit dem Zucker verkneten und in Größe der Leb-kuchenplatten ausrollen.

Die beiden Honigkuchenplatten nach dem Abkühlen mit Himbeer-marmelade zusammensetzen und an der Oberfläche ebenfalls mit Himbeermarmelade bestreichen. Die Marzipanplatte darauflegen. Das Ganze mit einem Brett bedecken, beschweren und einige Stunden (noch besser über Nacht) ziehen lassen. Die zusammengesetzte Platte in etwa 2 × 2 cm große Würfel schneiden. Die Würfel in Schokola-deguß tauchen und auf ein Gitter zum Trocknen stellen.

Schokoladeguß: Schokolade und Kokosfett miteinander im Wasser-bad zergehen lassen.

Dunkle Honigkuchen

250 g Honig, 250 g Zucker, ½ Tl Zimt, 1 Prise Nelkenpulver, 1 Prise Sternanis, 1 Prise Ingwer, 1 Prise Salz, 150 g Blockscho-kolade gerieben, 50 g Orangeat gehackt, 5 g Hirschhornsalz, 1 Tl Rum, 450 g Mehl
200 g Puderzucker, 2 El Rum, 2 El heißes Wasser

Den Honig mit dem Zucker im Wasserbad erhitzen, bis der Zucker geschmolzen ist. Abkühlen lassen und dann die Gewürze, die Scho-kolade, das Orangeat und das im Rum gelöste Hirschhornsalz dazu-geben. Zuletzt das Mehl einarbeiten. Den Teig einige Stunden, am besten über Nacht, ruhen lassen. – Dann 1½ cm dick ausrollen, auf ein gut gefettetes Blech legen und bei 180° gerade durchbacken (25–35 Min.). Die Kuchenplatte noch heiß in beliebige Rechtecke schneiden und sofort mit Punschglasur überziehen.

Punschglasur: Puderzucker mit Rum und Wasser zu einer dickflüssi-gen Masse verrühren.

Elisenlebkuchen

5 Eier, 500 g Zucker, 1 Paket Vanillezucker, 1 El Zimt, 1 Tl Nelkenpulver, 1 MSp Kardamom, 1 Prise Salz, 100 g Zitronat, 100 g Orangeat, 500 g Mandeln – Oblaten
200 g Puderzucker, 3 El Orangensaft

Eier, Zucker und Gewürze dickschaumig rühren. Orangeat und Zi-tronat fein hacken und daruntermischen. Die Mandeln dazugeben.

Die dicke Masse (sie darf nicht mehr flüssig sein, notfalls etwas Mehl dazugeben) 1 cm dick auf runde Oblaten streichen. In einem auf 160 ° vorgeheizten Rohr hell backen (20–30 Min.). – Die fertigen Lebkuchen noch warm mit Orangenguß glasieren.

Orangenguß: Den Puderzucker 5–10 Min. mit dem durchgeseihten Orangensaft verrühren, so daß ein glatter, dickflüssiger Guß entsteht.

Besonders hübsch: Bestreichen Sie die Hälfte der Lebkuchen mit geschmolzener Kuvertüre.

Haselnußlebkuchen

4 Eier, 300 g Puderzucker, 1 Prise Salz, 1 Tl Zimt, 1 MSp Nelkenpulver, 1 MSp Koriander, 75 g Orangeat fein gehackt, 500 g Haselnüsse gerieben – Oblaten
150 g Puderzucker, 2 El Orangensaft – bunter Zuckerstreusel oder Liebesperlen
150 g Blockschokolade, 15 g Kokosfett – halbierte Mandeln

Eier, Zucker und Gewürze zusammen schaumig rühren. Das Orangeat und die Haselnüsse dazugeben. – Die Masse fingerdick auf runde 4–5 cm große Oblaten streichen; 4–5 Stunden trocknen lassen. Die Hälfte der Lebkuchen noch heiß mit Orangenglasur bestreichen und mit buntem Zuckerstreusel oder Liebesperlen verzieren, die andere Hälfte mit Schokoladeguß glasieren und mit halbierten Mandeln verzieren.

Schokoladeguß: Schokolade und Kokosfett miteinander im Wasserbad zergehen lassen.

Honigkuchen

250 g Honig, 100 g Mehl – 2 Eier, 150 g Zucker, 1 Prise Salz, 1 Tl Zimt, 1 MSp Nelkenpulver, 1 MSp Muskatblüte, 5 g Hirschhornsalz, 1 El Milch, 100 g Haselnüsse, 400 g Mehl
200 g Puderzucker, 2 El Rum, 2 El heißes Wasser

Den Honig im Wasserbad erhitzen und etwa 100 g Mehl zusetzen (es soll ein dickflüssiger Teig entstehen) und zur Seite stellen. – Eier, Zucker und Gewürze schaumig rühren. Das Hirschhornsalz in der Milch lösen und zusammen mit den Haselnüssen und dem Mehl zu der Eimasse mischen. Die beiden Teige miteinander verkneten, zudecken und einige Stunden rasten lassen. Den Teig dann etwa $^1/_2$ cm dick ausrollen. Beliebige Figuren ausstechen und auf ein gut gefettetes, bemehltes Backblech setzen. 2 Stunden ruhen lassen und dann in einem auf 180 ° erhitzten Rohr hell backen (20–30 Min.). Die fertigen Lebkuchen noch warm mit der vorbereiteten Punschglasur bestreichen.

Punschglasur: Puderzucker, Rum und Wasser miteinander verrühren, bis eine dickflüssige Masse entsteht.

Ein Tip: Honigkuchen eignen sich besonders gut zum Verzieren: kleine Bäumchen, Sterne, Herzen, Glocken . . . können mit folgender Spritzglasur beliebig verziert werden:
200 g Puderzucker mit 1 Eiweiß und etwa 10 Tropfen Zitronensaft verrühren, bis eine dicke Glasur entsteht; in mehrere Portionen teilen und mit Kakao oder Speisefarben färben.

Leipziger Pfeffernüsse

500 g Mehl, 75 g Mandeln, 40 g Zitronat, die abgeriebene Schale von $^1/_2$ Zitrone, 1 Tl Zimt, 1 Tl Piment, 1 MSp Ingwer, 1 Prise Salz, 15 g Pottasche, 4 El Sahne – 200 g Butter, 250 g Zucker, 200 g Honig
100 g Schokolade, 10 g Kokosfett, 150 g Zucker, 3 El Wasser
200 g Puderzucker, 2 El Wasser

Das Mehl in eine Schüssel sieben. Die geriebenen Mandeln, das kleingewürfelte Zitronat, die abgeriebene Zitronenschale und die Gewürze dazumischen. Die Pottasche in der Sahne lösen und zu der Mehlmischung geben. – Butter, Zucker und Honig im Wasserbad erhitzen, bis sich der Zucker gelöst hat. Die glatte dickflüssige Masse mit der Mehlmischung vermengen. Alles zusammen zu einem glatten Teig verkneten und einige Stunden zugedeckt ruhen lassen. Aus dem Teig nußgroße Kugeln formen, auf ein gefettetes Backblech legen und bei 160° hell backen (15–20 Min.). Die Nüsse nach dem Abkühlen mit Schokoladeglasur oder Zuckerglasur überziehen (Abb. S. 34 rechts).

Schokoladeglasur: Die Schokolade mit dem Kokosfett im Wasserbad schmelzen. Den Zucker mit dem Wasser 2 Min. kochen; nach kurzem Überkühlen mit der Schokolade mischen.

Zuckerglasur: Den Zucker mit dem Wasser verrühren, dabei kann das Wasser ganz oder auch nur teilweise durch Kirschwasser ersetzt werden.

Lebzelten

*500 g Mehl, 100 g Mandeln gerieben, 50 g Zitronat, 2 Tl Zimt,
$^1/_2$ Tl Ingwerpulver, 1 Prise Salz, die abgeriebene Schale von $^1/_2$
Zitrone, 15 g Pottasche, 2 El Rosenwasser, 500 g Honig, 100 g
Zucker, 50 g Butter – 1 Eigelb, 1 Tl Rosenwasser
Zum Garnieren nach Belieben: Mandeln, Zitronat, kandierte Kirschen . . .*

Das Mehl mit den Mandeln, dem fein gewürfelten Zitronat und den
Gewürzen mischen. Die Pottasche im Rosenwasser lösen und dazugeben. – Den Honig zusammen mit der Butter und dem Zucker im
Wasserbad erwärmen, bis eine gleichmäßige Masse entsteht, dann zu
der Mehlmischung geben. Alles zusammen zu einem festen Teig verkneten und diesen etwa 12 Stunden (am besten über Nacht) an einem
warmen Ort ruhen lassen. – Den Teig dann $^1/_2$–1 cm dick ausrollen
und auf ein gut gefettetes Backblech legen. Die Platte mit Eigelb, das
mit etwas Rosenwasser verquirlt wurde, bestreichen und nach Belieben mit Zitronat, halbierten Mandeln und kandierten Kirschen belegen. In einem auf 160° erhitzten Backrohr goldbraun backen (20–25
Min.). Noch heiß in beliebig große Rechtecke schneiden (Abb. S. 34
vorne).

Mandellebkuchen

*4 Eiweiße, 1 El Zitronensaft, 250 g Zucker, 1 Tl Zimt, $^1/_2$ Tl
Koriander, 1 MSp Nelkenpulver, 1 Prise Muskat, 1 Prise Piment,
1 Prise Salz, 20 g Orangeat fein gehackt, 30 g Zitronat fein gehackt, 350 g Mandeln gerieben – Oblaten
250 g Puderzucker, 1 El Zitronensaft, 1 Prise Piment, 3 El heißes
Wasser – Mandeln geschält*

Die Eiweiße mit einigen Tropfen Zitronensaft steif schlagen. Den
Zucker löffelweise dazuschlagen. Die Gewürze darunterschlagen. Zitronat, Orangeat und Mandeln unterheben. – Die weiche Masse
$^1/_2$–1 cm hoch auf runde Oblaten streichen und über Nacht trocknen
lassen. Am nächsten Tag bei 140° hell backen (30–40 Min.). Die
Lebkuchen noch warm mit Zuckerglasur bestreichen und mit Mandelhälften belegen.
Zuckerglasur: Den Zucker mit dem Zitronensaft, Piment und Wasser
verrühren.

Moppen

2 Eier, 200 g Farinzucker – 80 g Honig, 30 g Butter – 300 g Mehl, 1 Tl Zimt, 1 MSp Nelkenpulver, 1 MSp Piment, 7 g Pottasche, 2 El Milch

Die Eier mit dem Zucker sehr gut verrühren. – Den Honig mit der Butter im Wasserbad erwärmen. – Das Mehl mit den Gewürzen und dann mit der Eiermasse und dem warmen Honig vermischen. Die in der Milch gelöste Pottasche dazugeben, alles zusammen zu einem geschmeidigen, nicht zu festen Teig verkneten; wenigstens 24 Stunden ruhen lassen. – Aus dem Teig walnußgroße Kugeln formen, nicht zu eng nebeneinander auf ein gut gefettetes Blech setzen und mit dem Handballen etwas flachdrücken. Die Moppen im auf 180° vorgeheizten Backofen 15–20 Min. backen.

Nürnberger Pfefferkuchen

250 g Zucker, 4 Eier, 1 Prise Salz, 1 El Zimt, 1 Tl Nelkenpulver, 1 Tl Kardamom, 1 Prise Muskatblüte, 50 g Orangeat, 50 g Zitronat, 100 g Mandeln geschält, 100 g Haselnüsse, ¹/₂ Tl Hirschhornsalz, 1 El Milch, 200 g Mehl – Oblaten, Mandeln, geschält und halbiert
200 g Puderzucker, 2 El Zitronensaft, 1 El heißes Wasser

Den Zucker mit den Eiern und den Gewürzen dick schaumig rühren. Orangeat und Zitronat, Mandeln und Haselnüsse fein hacken und dazugeben. Das Hirschhornsalz in der Milch lösen und zugleich mit dem Mehl dazumischen. Den Teig zudecken und mindestens 12 Stunden an einem kühlen Ort ruhen lassen. – Am nächsten Tag den Teig, der nicht rinnen darf (notfalls noch etwas Mehl einarbeiten), etwa 1 cm dick auf rechteckige oder runde Oblaten streichen und beliebig mit Mandeln belegen. Nochmals einige Stunden trocknen lassen und dann in einem auf 160° Grad erhitzten Rohr hellbraun backen. Die fertigen Nürnberger Pfefferkuchen noch warm mit Zitronenguß glasieren.

Zitronenguß: Zucker, Zitronensaft und heißes Wasser so lange kräftig in einer Schüssel miteinander verrühren, bis eine dickflüssige Masse entsteht.

Ein Tip: Wenn Sie die Mandeln vor dem Backen nochmals feucht bepinseln, bleiben Sie schön hell.

Nußbusserl (S. 78), Kirschkrapferl (S. 72)

Nelkenkuchen

*125 g Honig, 20 g Butter, 4 Eier, 375 g Zucker, 750 g Mehl,
100 g Korinthen gehackt, 1¹/₂ Päckchen Backpulver, 1 Tl Zimt,
2 Tl Nelkenpulver, 1 Tl Kardamom, 1 Prise Salz
1 Eiweiß, 2 El Milch – Mandeln geschält und halbiert, kandierte
Kirschen, halbiert, 100 g Kuvertüre*

Honig und Butter im Wasserbad erwärmen. Eier und Zucker schaumig rühren und mit dem abgekühlten Honig mischen. – Das Mehl
mit dem Backpulver sieben. Die Korinthen und die Gewürze dazumischen. Die Ei-Honig-Masse dazugeben. Einen glatten Teig kneten und
zugedeckt etwa 5 Stunden ruhen lassen. – Den Teig 2–3 mm dick
ausrollen und in 5 × 3 cm große Rechtecke schneiden. Die Hälfte
dieser Rechtecke mit Eiweiß, das mit Milch verquirlt wurde, bestreichen und mit feuchten, halbierten Mandeln und kandierten Kirschen
belegen, die restlichen Stücke so belassen. Die Lebkuchen auf gut
gefettetem Blech bei 160° hell backen (etwa 15 Min.). – Die unbestri-
chenen Lebkuchen nach dem Auskühlen mit geschmolzener Kuvertüre bestreichen und ebenfalls nach Belieben mit geschälten, halbierten
Mandeln verzieren; auch Liebesperlen können zur Verzierung verwendet werden (Abb. S. 86 oben).

Schokoladelebkuchen

*4 Eiweiße, 300 g Zucker, 1 Prise Salz, 1 MSp Zimt, 1 Prise Kar-
damom, 1 Prise Nelkenpulver, 1 Prise Piment, 1 Prise Sternanis,
40 g Zitronat fein gehackt, 80 g Blockschokolade gerieben, 200 g
Mandeln gerieben, 50 g Mehl, ¹/₂ Tl Backpulver
200 g Kuvertüre – geschälte, halbierte Mandeln oder Liebesperlen*

Die Eiweiße steif schlagen. Den Zucker dazugeben und noch mindestens ¹/₄ Stunde dickschaumig rühren. Die Gewürze, das Zitronat
und die Schokolade einrühren. Zuletzt die Mandeln und das mit dem
Backpulver gemischte Mehl dazugeben. Den Teig auf runde, 5–6 cm
große Oblaten streichen, etwa 1 Stunde trocknen lassen. Bei 160° so
lange backen, bis die Lebkuchen gerade durch sind (25–35 Min.).
– Nach dem Überkühlen mit geschmolzener Kuvertüre und – je nach
Geschmack – mit halbierten Mandeln belegen oder mit Liebesperlen
bestreuen.

*Vanillekipferl (S. 101), Aprikosenaugen (S. 84),
Linzer Kranzerl (S. 72), Schokoladeherzen (S. 80)*

Spitzkuchen

200 g Honig, 50 g Zucker, 20 g Butter, 250 g Mehl (wenn möglich die Hälfte davon Roggenmehl), 1 El Zimt, ½ Tl Piment, 1 MSp Nelkenpulver, 1 MSp Koriander, 1 Prise Sternanis, 1 Prise Muskatblüte, 1 Prise Salz, 60 g Korinthen, 50 g Orangeat gehackt, 50 g Zitronat gehackt, 50 g Mandeln gehackt, 10 g Pottasche, 1 El Milch
Kuvertüre

Honig, Zucker und Butter miteinander im Wasserbad erwärmen, bis alles geschmolzen ist. Das Mehl mit den Gewürzen, Korinthen, Orangeat, Zitronat und Mandeln mischen. Die warme Honigmasse über das gewürzte Mehl gießen und gleichzeitig die in der Milch gelöste Pottasche hinzugeben. Alles gut verkneten und dann wenigstens 24 Stunden zugedeckt rasten lassen. – Aus dem Teig daumendicke Rollen formen (Länge gleichgültig) und auf gut gefettetem Blech bei 220° hell backen (10–20 Min.). Die Stangen nach kurzem Überkühlen kleinschneiden und mit Kuvertüre überziehen.

Thorner Kathrinchen

200 g Honig, 50 g Butter, 100 g Zucker – 1 Eigelb, 60 g Zucker, 1 Päckchen Lebkuchengewürz, 1 Prise Salz, die abgeriebene Schale von 1 Zitrone, 12 g Pottasche, 1 El Rosenwasser, 500 g Mehl

Den Honig mit Butter und Zucker so lange im Wasserbad erwärmen, bis der Zucker geschmolzen ist; abkühlen lassen. – Eigelb, Zucker und Gewürze miteinander schaumig rühren. Die Pottasche im Rosenwasser lösen und dazugeben. – Das Mehl mit der Honigmasse und der Schaummasse mischen, gut verkneten und einige Stunden zugedeckt ruhen lassen. – Den Teig dann etwa 4 mm dick ausstechen. Besitzen Sie eine Kathrinchenform (ähnelt einer größeren Katzenzunge), so können Sie das Gebäck damit ausstechen; wenn nicht, schneiden Sie den ausgerollten Teig mit einem Teigrädchen in etwa 2 × 4 cm große Rechtecke. Die Kathrinchen auf ein gefettetes Backblech legen und bei 200° etwa 20 Min. backen.

Altes und neues Eierschaumgebäck

Ähnlich wie bei den Lebkuchen findet man auch bei Gebäck aus Eierschaummasse altüberlieferte und meist an bestimmte Landschaften gebundene Rezepte. Hier wären vor allem die schwäbischen Springerle und der ihnen verwandte Nürnberger Eierzucker (auch Nürnberger Marzipan) zu nennen. Viele Familien ließen sich ihre Wappen oder andere ihnen persönlich werte Motive wie bestimmte Blumen, Vögel . . ., aber auch rein geometrische Formen wie Herzen, Mäander, Sterne . . . in die zum Formen dieses Backwerkes verwendeten Model schnitzen. Die fertigen, oft noch zusätzlich bemalten Gebäckstücke, die sie sich dann gegenseitig schenkten, waren so unverwechselbar in ihrer Herkunft. – Aber auch die vielen süddeutschen Brötle, die Badener Chräbeli sind typische, altüberlieferte Rezepte.

Nach neueren Rezepten zubereitetes Eierschaumgebäck ist zumeist lockerer als das nach traditionellen Richtlinien hergestellte Backwerk. Es enthält im Verhältnis nämlich viel mehr Eier. Diese modernen Plätzchen erfreuen sich nicht zuletzt ihrer guten Haltbarkeit wegen großer Beliebtheit.

Gebäck aus Eierschaummasse ist leicht und schnell herzustellen, Sie müssen lediglich zwei Dinge beachten:

● Die Masse muß wirklich dickschaumig gerührt werden, ein Vorgang, der beim Rühren von Hand mindestens 20–30 Min. in Anspruch nimmt.

● Die vorgeschriebenen Trockenzeiten müssen eingehalten werden.

Plätzchen aus Eierschaummasse sind (mit wenigen Ausnahmen, bei denen der Teig biskuitähnlich ist) unmittelbar nach dem Backen hart. Lassen Sie sie mehrere Tage bei offener Dose in einem feuchten Raum stehen. Haben Sie keinen solchen Raum zur Verfügung, so geben Sie das Gebäck in eine gut schließbare Dose und legen ein Stück frisches Brot dazu; noch wirksamer sind einige Kartoffelscheiben, Apfelschnitze oder eine Orangenschale, aber bitte nicht direkt auf das Gebäck, sondern auf ein Stückchen Folie legen, einige Stückchen könnten sonst pappig werden. Wenn das Gebäck die von Ihnen gewünschte Weichheit besitzt (die Ansichten, was hier richtig ist, sind sehr verschieden!), nehmen Sie Brot u. ä. heraus und verschließen die Dosen wieder fest.

Anisbögen

2 Eier, 100 g Puderzucker, 1 Tl Anis gemahlen, 1 Prise Salz, 60 g Mehl – 1 El Anis

Eier, Puderzucker, Anis und Salz sehr schaumig rühren. Das Mehl vorsichtig unterziehen. – Mit zwei Teelöffeln zwei nußgroße Häufchen auf ein gut gefettetes, bemehltes Backblech setzen; das Blech dann so nach allen Seiten neigen, daß die Plätzchen zu flachen Scheiben auseinanderfließen. Auf jede Scheibe etwas Anis streuen. Bei 180° backen, bis die Ränder zu bräunen beginnen (etwa 5 Min.). – Die Plätzchen sofort vom Blech nehmen und über einen dicken Kochlöffelstiel biegen.

Ein Tip: Backen Sie nicht zu viele Plätzchen auf einmal, sie werden sonst rasch so hart, daß sie sich nicht mehr biegen lassen.

Anisplätzle

3 Eier getrennt, 180 g Zucker, 1 Paket Vanillezucker, 1 Prise Salz, 1 El Anis gemahlen (oder fein gestoßen), 150 g Mehl, 75 g Stärkemehl

Die Eiweiße zunächst einzeln, dann mit der Hälfte des Zuckers steif schlagen. Die Eigelbe mit dem restlichen Zucker und den Gewürzen schaumig rühren. Die Schaummasse unter den Eischnee heben. Mehl und Stärkemehl darübersieben und unterziehen. – Die Masse in einen Spritzsack mit großer Lochtülle füllen. Auf ein gut gefettetes Blech kirschgroße Punkte spritzen und über Nacht trocknen lassen. Am nächsten Tag bei 150° blaß backen. (20–30 Min.)

Badener Chräbeli

3 Eier, 250 g Zucker, 1 Prise Salz, 2 El Anis gestoßen, die abgeriebene Schale von ½ Zitrone, 1 MSp Hirschhornsalz, 1 Tl Kirschwasser, 250 g Mehl

Die Eier mit Zucker und Salz zu einer dickschaumigen Masse rühren. Anis, Zitronenschale und das im Kirschwasser gelöste Hirschhornsalz einrühren. Das Mehl dazugeben und gut durchkneten. – Aus dem Teig fingerdicke Rollen formen und in 6 cm lange Stücke schneiden. Die Röllchen mit einem spitzen Messer an einer Seite dreimal

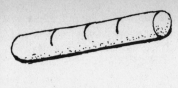 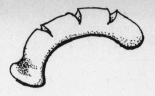

Badener Chräbeli formen

einschneiden, auf ein gut gefettetes, bemehltes Backblech legen und dabei formen: Die Röllchen an einem Ende flachdrücken und dabei gleichzeitig mit der anderen Hand halbmondförmig biegen. Die Chräbeli über Nacht trocknen lassen; dann bei 180° so backen, daß sie noch fast weiß sind (20–30 Min.).

Beschwipste Mandelbrötchen

350 g Mandeln geschält und gerieben, 140 g Zucker, die abgeriebene Schale von ¹/₂ Zitrone, 2 Tl abgeriebene Orangenschale, 1 Ei, 60 g Zucker, ¹/₁₀ l Wasser, 2 El Grand Marnier (oder ein anderer Orangenlikör)

Mandeln, Zucker, abgeriebene Zitronenschale und Ei miteinander mischen und zu einem glatten Teig kneten. – Etwa daumendicke Rollen formen, leicht flachdrücken und dann in etwa 2 cm große Stückchen schneiden. Bei 150° ganz hell backen (10–15 Min.). – Das Gebäck sofort in dem vorbereiteten Orangensirup wenden (es soll gut angetränkt sein), zum Abtropfen auf ein Gitter legen und mit Puderzucker bestreuen.

Orangensirup: Den Zucker mit dem Wasser zu einem Sirup kochen, abkühlen lassen und mit dem Grand Marnier mischen.

Dieses algerische Gebäck gehört streng genommen nicht zu den Eierschaumgebäcken; da es sich aber in den Back- und Aufbewahrungseigenschaften ähnlich verhält, haben wir es trotzdem hier angeführt.

Geduldszeltle

2 Eier, 100 g Zucker, 1 Päckchen Vanillezucker, 1 Prise Salz, die abgeriebene Schale von 1 Zitrone, 125 g Mehl

Die Eier mit Zucker, Vanillezucker, Salz und Zitronenschale schaumig rühren. Das gesiebte Mehl unterheben. – Die Masse in einen

Spritzsack mit großer glatter Lochtülle füllen. Auf ein gut gefettetes Backblech jeweils zwei kleine Punkte eng nebeneinander setzen. Die Zeltle wenigstens 5 Stunden – besser über Nacht – trocknen lassen und dann bei 130° ganz blaß backen (15–25 Min.).

Haselnußbrötle

2 Eier, 250 g Farinzucker, die abgeriebene Schale von 1 Zitrone, 1 Päckchen Vanillezucker, 1 Prise Salz, 300 g Haselnüsse gerieben – Haselnußkerne
150 g Puderzucker, 4 El Wasser, 2 El Rum

Eier, Farinzucker und Gewürze miteinander dickschaumig rühren. Die geriebenen Haselnüsse dazugeben. – Mit nassen Händen etwa 2 cm große Kugeln formen und auf ein gut gefettetes Backblech setzen. Mit dem Daumenballen etwas flachdrücken. In die Mitte jedes Brötchens eine Haselnuß geben. Die Brötle bei 180° hell backen (etwa 20 Min.). – Nach dem Erkalten können Sie noch mit dünner Punschglasur bestrichen werden.
Glasur: Den Zucker mit dem Wasser aufkochen; den Rum dazugeben und noch heiß verwenden.

Hausfreunde

3 Eier getrennt, 100 g Zucker, 1 Prise Salz, die abgeriebene Schale und den Saft von ½ Zitrone, 100 g Stärkemehl, 100 g Mandeln (oder Nüsse) gehackt, 100 g Rosinen, 15 g Blockschokolade kleingeschnitten, 50 g Quittenkäse kleingeschnitten (oder Zitronat)

Die Eigelbe mit ⅔ des Zuckers, Salz, Zitronenschale und Zitronensaft schaumig rühren. Die Eiweiße steif schlagen und den restlichen Zucker löffelweise dazuschlagen. Den Eischnee gemeinsam mit dem Mehl unter die Schaummasse ziehen. Mandeln, Rosinen (vorher in Mehl wenden), Blockschokolade und Quittenkäse vorsichtig darunterheben (nicht rühren!). – Die Masse in eine schmale lange Kastenform füllen (vorher gut fetten und mit Semmelbrösel ausstreuen) und bei 180° hellbraun backen (15–20 Min.). – Das Gebäck aus der Form stürzen und sofort in dünne Scheibchen schneiden. Die Hausfreunde noch 5 Min. bei schwacher Oberhitze bähen.

Himbeerbrötle

250 g Zucker, 3 Eier, 1 Prise Salz, ½ Zitrone (Saft und Schale), 2 El Himbeermarmelade, 250 g Mehl

Den Zucker mit den Eiern, Salz, Zitronensaft und abgeriebener Zitronenschale dickschaumig rühren. Die Himbeermarmelade dazugeben. Das gesiebte Mehl löffelweise einrühren. – Mit zwei Teelöffeln kleine Häufchen auf ein gut gefettetes Backblech setzen; ½ Stunde übertrocknen lassen und dann bei 200° hell backen (10–20 Min.).

Hobelspäne

2 Eier, 100 g Puderzucker, 1 MSp Zimt, 1 Prise Kardamom, 1 Prise Salz, 60 g Stärkemehl
Mandeln geschält und gehobelt

Eier, Zucker und Gewürze zusammen dickschaumig rühren. Das Stärkemehl vorsichtig einmischen. – Mit einem Teelöffel kleine Häufchen auf ein gut gefettetes Backblech setzen und auseinanderziehen. Mit gehobelten Mandeln belegen. Bei 180° so lange backen, bis die Ränder zu bräunen beginnen (5–10 Min.). Die Hobelspäne sofort vom Blech nehmen und – solange sie noch weich sind – beliebig biegen.

Ingwerbrötchen

1 Ei, 1 Eigelb, 125 g Zucker, 1 Prise Salz, die abgeriebene Schale von 1 Zitrone, 1–2 Tl Ingwer gemahlen, 1 Prise Salz, 1 MSp Hirschhornsalz, 1 Tl Kirschwasser, 120 g Mehl

Ei und Eigelb mit dem Zucker und den Gewürzen schaumig rühren. Das im Kirschwasser gelöste Hirschhornsalz dazugeben. Das Mehl darübersieben und einarbeiten. Einen glatten Teig kneten. – Nach kurzem Ruhen den Teig etwa ½ cm dick ausrollen. Kleine runde Plätzchen ausstechen (2½–3 cm im Durchmesser), auf ein gut gefettetes Blech setzen und mehrere Stunden (am besten über Nacht) trocknen lassen. Die Brötchen bei 130° ganz blaß backen (20–30 Min.).
Ein Tip: Je nach Belieben können Sie die fertigen Brötchen noch ganz oder zur Hälfte in im Wasserbad geschmolzene Kuvertüre tauchen.

Luisenbrötchen

2 Eier, 250 g Zucker, 1 Päckchen Vanillezucker, 1 Prise Salz,
$^1/_2$ Tl Zimt, 1 MSp Muskat, 5 Tropfen Bittermandelöl, 1 Zitrone
(Saft und Schale), 250 g Haselnüsse gerieben
200 g Puderzucker, 2 El Rum, 2 El Wasser, rote Speisefarbe

Die Eier mit dem Zucker und den Gewürzen dickschaumig rühren.
Die Haselnüsse dazugeben. Alles miteinander verkneten. – Den Teig
zu daumendicken Rollen formen. Etwa 3 cm lange Brötchen abschneiden, auf ein sehr gut gefettetes, bemehltes Backblech setzen
und bei 180° licht backen. – Mit Punschglasur bestreichen.
Punschglasur: Zucker, Rum, Wasser und eine Prise Speisefarbe miteinander verrühren.

Muskaziendli

3 Eier, 180 g Zucker, 1 Prise Salz, $^1/_2$ Tl Zimt, 1 MSp Nelkenpul-
ver, 1 MSp Muskat, $^1/_4$ Tl Muskatblüte, 180 g Mandeln gerieben,
150 g Schokolade gerieben, 150 g Mehl
Mandeln, geschält und halbiert

Die Eier mit dem Zucker und den Gewürzen dickschaumig rühren.
Die Mandeln und die Schokolade einrühren. Zuletzt das gesiebte
Mehl dazugeben. Den Teig gut durchkneten. – Eine daumendicke
Rolle formen. Diese in etwa 2 cm dicke Stücke schneiden. Die einzel-
nen Stücke – Schnittfläche nach unten – auf ein gut gefettetes Blech
legen, leicht flachdrücken und mit je einer Mandelhälfte verzieren.
Die Muskaziendli bei 130° etwa 25 Min. backen.

Nüßle

2 Eier getrennt, 250 g Zucker, Saft und abgeriebene Schale von
$^1/_2$ Zitrone, 1 Tl Zimt, 1 Prise Salz, 1 El Cognac, 250 g Haselnüs-
se gerieben
100 g Zucker, 1 El Zitronensaft, $^1/_{16}$ l Wasser

Die Eigelbe mit 150 g Zucker dickschaumig rühren. Die abgeriebene
Zitronenschale, Zitronensaft, Zimt, Salz und Cognac einrühren. Die
Haselnüsse dazumischen. Die Eiweiße steif schlagen, den restlichen
Zucker löffelweise dazuschlagen. Den Schnee mit der Haselnußmasse

mischen. – Mit nassen Händen etwa nußgroße Kugeln formen und auf ein gut gefettetes, bemehltes Backblech geben. Bei 150° hell backen (20–25 Min.). – Dünn mit Zucker-Zitronen-Sirup bepinseln. *Sirup:* Zucker, Zitronensaft und Wasser 2 Min. zusammen kochen.

Orangenzungen

4 Eier, 2 Eigelbe, 300 g Zucker, 1 Paket Vanillezucker, 1 Prise Salz, die abgeriebene Schale von 1 Zitrone, 75 g Orangeat fein gehackt, 200 g Mehl

Eier, Eigelbe, Zucker, Vanillezucker, Salz und Zitronenschale miteinander schaumig rühren. Das fein gehackte Orangeat und zuletzt das gesiebte Mehl dazumischen. – Die Masse in einen Spritzsack mit mittlerer glatter Lochtülle füllen und etwa 3 cm lange, in der Mitte dünnere Zungen auf ein gut gefettetes, bemehltes Backblech spritzen. 2–3 Stunden trocknen lassen und bei 200° hell backen (10 Min.).

Pomeranzenbrötle

4 Eier, 250 g Zucker, 1 Prise Salz, 60 g Mandeln geschält und gehackt, 100 g Orangeat gehackt, die abgeriebene Schale von $1/2$ Zitrone, die abgeriebene Schale von 1 Orange, 300 g Mehl

Die Eier mit dem Zucker und Salz schaumig rühren. Die Mandeln, die Orangenschale und die Zitronenschale dazurühren. Das gesiebte Mehl einarbeiten. – Mit zwei Teelöffeln kleine Häufchen auf ein gut gefettetes, bemehltes Backblech setzen und 1 Stunde trocknen lassen. Die Brötle bei 150° (15–25 Min.) hell backen (Abb. S. 85 hinten).

Rothschilds

30 g Mandeln geschält und gehackt, 20 g Mandeln geschält und gerieben, 20 g Puderzucker
3 Eigelbe, 140 g Zucker, 1 Päckchen Vanillezucker, 5 Eiweiße, 1 Prise Salz, 90 g Stärkemehl
Etwa 100 g Kuvertüre

Gehackte und geriebene Mandeln mit dem Zucker mischen und hellbraun rösten. – Die Eigelbe mit der Hälfte des Zuckers und dem

Vanillezucker zu einer dickschaumigen Masse rühren. Die Eiweiße mit dem Salz steif schlagen; den restlichen Zucker löffelweise dazugeben, den Schnee schnittfest schlagen. Die Schaummasse vorsichtig mit dem Schnee vermengen. Das Mehl darübersieben und vorsichtig unterheben. – Den Teig in einen Spritzsack mit großer glatter Lochtülle füllen. Auf ein gut gefettetes bemehltes Backblech etwa 5 cm lange Zungen spritzen. Mit den vorbereiteten Mandeln bestreuen. Bei 180° gerade so lange backen, bis die Stäbchen anfangen braun zu werden (8–12 Min.). – Die fertig gebackenen Rothschilds vom Blech nehmen und mit der runden Seite nach unten auf ein Gitter legen. An der flachen Seite mit Kuvertüre bestreichen.

Rumscheiben

100 g Zucker, 6 Eigelbe, 1 Paket Vanillezucker, 1 Prise Salz, 2 El Rum, 15 g Butter, 250 g Mehl
150 g Puderzucker, 1 El Rum, 1–2 El heißes Wasser – bunter Zuckerstreusel oder Schokoladestreusel

Den Zucker mit den Eigelben, Vanillezucker, Salz und Rum dickschaumig rühren. Die zerlassene abgekühlte Butter und das Mehl dazumischen. Alles gut verkneten und ½ Stunde kühl stellen. – Den Teig etwa 4 mm dick ausrollen. 3–4 cm große Scheiben ausstechen, auf ein gefettetes Backblech legen und bei 200° hellbraun backen. – Nach dem Abkühlen mit Rumglasur bestreichen und mit Zucker- oder Schokoladestreusel verzieren.
Rumglasur: Puderzucker, Rum und Wasser sehr gut miteinander verrühren.

Scheckerl

3 Eigelbe, 120 g Zucker, 1 Päckchen Vanillezucker, die abgeriebene Schale und den Saft von ½ Zitrone, 240 g Mandeln geschält und gemahlen
150 g Puderzucker, 2–3 El Zitronensaft, 20 g Kuvertüre

Die Eigelbe mit dem Zucker und den Gewürzen schaumig rühren. Die Mandeln dazumischen und alles zu einem Teig verkneten, der nicht mehr kleben darf (wenn nötig noch einige Mandeln dazugeben). – Den Teig auf einem mit geriebenen Mandeln oder Zucker bestreuten Backbrett ½ cm dick ausrollen. Runde Scheiben, Sterne, Herzen oder andere einfache Figuren ausstechen, auf ein sehr gut gefettetes Backblech legen und bei 180° hell backen. – Nach dem Abkühlen dick mit Zitronenguß bestreichen, dann mit einem Pinsel etwas geschmolzene Kuvertüre auf die noch nasse Glasur tropfen und so mit einer dicken Nadel verziehen, daß eine marmorierte Oberfläche entsteht.

Zitronenguß: Den Zucker mit dem Zitronensaft verrühren.

Springerle

2 Eier, 250 g Zucker, 1 Prise Salz, 1 El Anis gehackt oder gemahlen, die abgeriebene Schale von 1 Zitrone, 1 MSp Hirschhornsalz, 1–2 El Kirschwasser, 250 g Mehl – 1 El Anis

Die Eier mit dem Zucker sehr lange dickschaumig rühren. Die Gewürze und das im Kirschwasser gelöste Hirschhornsalz dazugeben. Das Mehl darübersieben. Alles gut verkneten und 2 Stunden zugedeckt ruhen lassen. – Den Teig dann etwa 1 cm dick ausrollen und in die gut bemehlten Springerleformen drücken. Die Springerle aus der Form lösen (am besten mit der Kante auf ein Brett klopfen) und in der Größe der Modeln zurechtschneiden. Die erhaltenen Teigtäfelchen auf ein gut gefettetes, mit Anis bestreutes Backblech setzen und 24 Stunden bei Zimmertemperatur trocknen lassen. – Die Springerle dann bei 150° etwa 25 Min. backen, sie bekommen dabei ein hellgelbes »Füßchen«, müssen oben aber weiß bleiben. Backen Sie die Springerle am besten mit Unterhitze, bzw. decken Sie sie nach ⅔ der Backzeit mit Alu-Folie ab (Abb. S. 86).

Teegebäck

6 Eiweiße, 100 g Zucker, 1 Päckchen Vanillezucker, 3 Eigelbe, die abgeriebene Schale von 1 Zitrone, 1 Prise Salz, 1 Prise Zimt, 50 g Butter, 360 g Mehl
1 Ei, 50 g Mandeln geschält und grob gehackt

Die Eiweiße steif schlagen; den Zucker löffelweise dazuschlagen, bis der Schnee schnittfest und glänzend ist. Die Eigelbe mit den Gewürzen leicht verschlagen (am besten mit einer kleinen Schneerute) und unter den Schnee mischen. Die zerlassene, wieder abgekühlte Butter und zuletzt das Mehl dazugeben. Die Masse 1 Stunde zugedeckt kühl stehen lassen. – Den Teig schwach bleistiftdick ausrollen und die verschiedensten Figuren (Plätzchen, Ringerl, S-le, Hörnchen . . .) formen. Auf ein gut gefettetes Backblech legen. Mit dem verquirlten Ei bestreichen und mit gehackten Mandeln bestreuen. Bei 200° goldgelb backen (5–15 Min.).

Ein Tip: Teebäckerei kann aber auch »natur« gebacken werden; sie wird dann noch heiß jeweils zur Hälfte in geschmolzene Kuvertüre getaucht.

Ybbser Stangerl

140 g Puderzucker, 2 Pakete Vanillezucker, 1 Prise Salz, 4 Eigelbe, 1 Ei, 140 g Stärkemehl
Puderzucker, etwa 100 g Kuvertüre

Zucker, Vanillezucker, Salz, Eigelbe und Ei miteinander zu einer dickschaumigen Masse verschlagen. Das Stärkemehl darübersieben und leicht unterheben. – Die Masse in einen Spritzsack mit großer glatter Tülle füllen. Auf ein gut gefettetes Backblech etwa 4 cm lange Stäbchen spritzen. Bei 220° goldgelb backen (5–10 Min.). – Die Stäbchen sofort vom Backblech nehmen und an der Oberseite mit Puderzucker bestreuen. Nach dem Erkalten die Unterseite mit Kuvertüre bestreichen.

Butterplätzchen in 77 Variationen

Butterplätzchen gehören zu dem beliebtesten Weihnachtsgebäck, nicht ohne Grund: Sie sind vollkommen unproblematisch in der Herstellung, d. h. sie gelingen selbst der blutigsten Anfängerin, und – sie sind äußerst vielseitig.

Sicherlich, Butterplätzchen sind kein so traditionsreiches Gebäck wie etwa die Lebkuchen, Springerle oder ähnliche Gebäckstücke; doch auch hier gibt es einige in Familien oder bestimmten Landschaften fest verwurzelte Rezepte, die von Generation zu Generation weitergegeben werden.

Butterplätzchen werden entweder aus Rührteig oder aus Mürb-(Knet)teig hergestellt.

Beim Rührteig werden zimmerwarme Butter, Zucker, Gewürze und Eier zunächst schaumig gerührt (wichtig!), erst dann kommen die Verfeinerer und zuletzt die nötige Menge Mehl dazu. Seien Sie vorsichtig bei der Zugabe des Mehls! Manchmal, wenn die verwendeten Eier sehr klein sind, ist die angegebene Mehlmenge eher reichlich bemessen; umgekehrt, wenn die Eier besonders groß sind, müssen Sie eventuell noch etwas Mehl (Mandeln . . .) zusetzen. Der erhaltene Teig muß formbar, aber nicht zu fest sein (mit Ausnahme der wenigen ganz weichen Teige, die gespritzt werden). Eine gewisse Klebrigkeit bei frisch zubereiteten Teigen verliert sich nach einer Ruhezeit von 1–2 Stunden im Kühlschrank.

Beim Mürbteig wird die kalte Butter mit dem Mehl verbröselt und die übrigen Zutaten nacheinander beigemengt. Hier ist es wichtig, daß Sie in einem nicht zu warmem Raum zügig arbeiten, nur dann bekommt der Teig die nötige Geschmeidigkeit.

Beim Mürbteig ist die Mehlmenge bei den Rezepten ganz genau angegeben (die Größe der Eier spielt ja hier kaum eine Rolle!). Sollte Ihnen der Teig einmal zu weich erscheinen, so stellen Sie ihn einfach in den Kühlschrank!

Ob angerührt oder geknetet – ist der Teig einmal fertiggestellt, so wird er auf die gleiche Art weiterbehandelt: entweder ausgerollt und ausgestochen oder zu Ringen, Kipferl . . . geformt. Nur ganz weiche Teige werden – ebenfalls in allerlei Formen – gespritzt.

Und nicht zuletzt in diesen verschiedenen Möglichkeiten der Formgebung beruht die mannigfaltige Verschiedenheit der Butterplätzchen.

Doch nicht nur das, die Plätzchen können noch vor dem Backen bestrichen und auf die vielfältigste Weise verziert werden; man kann sie aber auch nach dem Backen füllen, ganz oder teilweise glasieren und – wiederum verzieren.

So einfach wie die Zubereitung der Butterplätzchen ist auch ihre Aufbewahrung. Sie schmecken am nächsten Tag genau so gut wie nach 3–4 Wochen. Geben Sie sie – selbstverständlich nachdem sie gut ausgekühlt sind – in Schüsseln, Gläser, Töpfe . . ., was immer Sie gerade zur Hand haben und decken Sie sie mit einem passenden Deckel oder Pergamentpapier zu. Natürlich können Sie sie auch in Dosen geben, das ist aber bei diesem Gebäck nicht nötig, da es nicht besonders gut verschlossen aufbewahrt werden muß.

Wir haben Ihnen in diesem Kapitel eine Auswahl der bekanntesten und beliebtesten Butterplätzchen – mit ihren typischen überlieferten Verzierungen – zusammengestellt. Doch nichts hindert Sie daran, an Hand dieser Rezepte für »alte Teige« neue Formen mit neuen Verzierungen und somit immer wieder neue Plätzchen zu erfinden. Die Rezepte sollen Ihnen dazu als Anregung dienen.

Plätzchen aus Rührteig

Amerikaner

75 g Butter, 125 g Zucker, die abgeriebene Schale von 1 Zitrone, 1 Prise Salz, 2 Eier, 8 g Hirschhornsalz, 2 El Milch, 175 g Mehl, 100 g Stärkemehl
200 g Puderzucker, 2 El Zitronensaft, 1 El heißes Wasser (oder 1 El Rum, 2 El heißes Wasser)

Die Butter mit dem Zucker, den Gewürzen und den danach zugegebenen Eiern schaumig rühren. Das Hirschhornsalz in der Milch lösen und dazugeben. Mehl und Stärkemehl über die Schaummasse sieben und einarbeiten. – Mit zwei Teelöffeln kleine Häufchen auf ein gut gefettetes Backblech setzen. Genügend Abstand lassen! Die Amerikaner bei 200° goldgelb backen (10–20 Min.). Nach dem Erkalten die glatte Unterseite mit Zitronenguß oder Punschglasur bestreichen.
Glasur: Puderzucker, Zitronensaft – oder Rum – und Wasser so lange miteinander verrühren, bis eine dicke Masse entsteht.

Anisschleifen

150 g Butter, 300 g Zucker, 1 Prise Salz, 3 Eier, 2 El Anis gemahlen, 300 g Mehl
60 g Zucker, 1/8 l Wasser

Die Butter mit Zucker, Salz, Eiern und Anis verrühren. Das Mehl dazugeben. Alles zu einem glatten Teig verkneten; etwa 2 Stunden kühl ruhen lassen. – Bleistiftdicke Rollen formen, in 10 cm lange Stücke schneiden und in Form von Halbkreisen auf das schwach gefettete Backblech legen. Das Gebäck 3–4 Stunden trocknen lassen, dann in einem auf 180° vorgeheizten Backrohr goldgelb backen (etwa 15 Min.). – Zucker und Wasser zu einem Sirup verkochen und das noch warme Gebäck damit bepinseln.

Butterblumen

150 g Butter, 150 g Zucker, 1 Päckchen Vanillezucker, 1 Prise Salz, 1 El Cognac, 1 Ei, 1 Eigelb, 280 g Mehl
1 Eigelb, Hagelzucker, etwa 50 g Kuvertüre

Butter, Zucker, Vanillezucker und Salz miteinander schaumig rühren. Cognac, Ei und Eigelb dazugeben. Das Mehl einarbeiten, gut verkneten und 1/2 Stunde ruhen lassen. – Den Teig 3–4 mm dick ausrollen und Blumen ausstechen. Mit Eigelb bestreichen, mit Hagelzucker bestreuen und bei 180° goldgelb backen. – Die Kuvertüre im Wasserbad schmelzen und kleine Tupfen in die Mitte der abgekühlten Butterblumen spritzen.

Butterblumen mit Schokolade verzieren

Butterfly

110 g Butter, 120 g Zucker, 1 Ei, 1 Prise Salz, 1 Prise Ingwer,
1 Prise Muskatblüte, 1 Tl Zimt, Saft und Schale von ¹/₂ Zitrone,
150 g Mandeln geschält und in Stifte geschnitten, 200 g Mehl

Die Butter zunächst mit dem Zucker und dann mit dem Ei und den
Gewürzen schaumig rühren. Die Mandeln dazumischen. Zuletzt das
gesiebte Mehl einarbeiten. – Eine 3–4 cm dicke Rolle formen und so
flachdrücken, daß ein Rechteck entsteht. Diesen Block für 2–3 Stunden in den Kühlschrank stellen; er muß ganz hart sein. – Von der
Stange 1–2 mm dicke Scheiben schneiden und auf gefettetem Blech
bei 180° goldbraun backen (etwa 15 Min.).

Butterherzen

200 g Butter, 150 g Puderzucker, 1 Prise Salz, die abgeriebene
Schale von ¹/₂ Zitrone, 1 Eigelb, 100 g geschälte geriebene Man-
deln, 420 g Mehl
Kuvertüre, Mandeln oder Pistazien gehackt

Die Butter mit dem Zucker, den Gewürzen und dem Eigelb verrühren. Die Mandeln und zuletzt das gesiebte Mehl dazugeben. Alles
zusammen zu einem glatten Mürbteig verarbeiten und 1–2 Stunden
im Kühlschrank stehen lassen. – Den Teig 4–5 mm dick ausrollen
und Herzen ausstechen. Auf ein ungefettetes Backblech legen und bei
150° hell backen (etwa 15 Min.). – Die Hälfte des Gebäcks unbehan-
delt verwenden, den Rest ganz oder teilweise mit geschmolzener Kuvertüre bestreichen und je nach Geschmack noch zusätzlich mit gehackten Mandeln oder Pistazien bestreuen (Abb. S. 86 unten).
Buttersterne werden nach dem gleichen Rezept zubereitet; man sticht
Sterne aus (Abb. S. 86 unten)

Butter-S-le

125 g Butter, 80 g Zucker, die abgeriebene Schale von ¹/₂ Zitrone,
1 Prise Salz, 3 Eigelbe, 250 g Mehl
1 Eigelb, 1 Tl Wasser, Hagelzucker

Butter, Zucker und Gewürze miteinander verrühren. Die Eigelbe dazugeben und alles schaumig rühren. Das Mehl dazusieben. Möglichst

rasch einen glatten Teig kneten, der 1 Stunde kühl ruhen soll. – Blei-stiftdicke Rollen formen und diese in gleichmäßige, etwa 8 cm lange Stücke schneiden. Aus jedem Stück ein S formen und auf ein Back-blech legen. – Das Eigelb mit dem Wasser verquirlen. Die S mit dem Eigelb bestreichen und mit Hagelzucker bestreuen. Bei 180° in etwa 20 Min. goldbraun backen.

Französische Mandelscheiben

300 g Butter, 200 g Puderzucker, 4 El Milch, 1 Päckchen Vanille-zucker, 1 MSp Salz, 150 g Mandeln geschält und gehackt, 500 g Mehl, 1/2 Tl Backpulver
1 Eigelb, 50 g Mandeln gehackt, 50 g Zucker

Die Butter leicht mit dem Zucker verrühren. Die Milch, die Gewürze und die Mandeln dazugeben. Das Mehl mit dem Backpulver darüber-sieben. Einen festen Teig kneten. – Sofort eine 30–35 cm lange Rolle formen; für mindestens 1 Stunde in den Kühlschrank stellen. Die er-starrte Rolle mit dem verquirlten Eigelb bestreichen und in einem Gemisch aus den gehackten Mandeln und Zucker wälzen. In 5 mm starke Scheiben schneiden und bei 180° hellbraun backen (15–25 Min.).

Haselnußsterne

125 g Zucker, 200 g Butter, 1 Eigelb, 80 g Schokolade gerieben, 80 g Haselnüsse gerieben, 1 Prise Salz, 180 g Mehl
1 Eiweiß, 200 g Puderzucker, 1/2–1 El Kirschwasser – Haselnüsse halbiert

Zucker, Butter und Eigelb miteinander verrühren. Die Schokolade, die gerösteten und geriebenen Haselnüsse und das Salz dazugeben. Zuletzt das gesiebte Mehl einarbeiten. Einen Mürbteig kneten und etwa 1/2 Stunde kühl ruhen lassen. – Den Teig 4–5 mm dick ausrol-len. Sterne ausstechen, auf ein Backblech setzen und bei 180° hell backen (15–20 Min.). – Die Sterne nach dem Abkühlen glasieren und sofort (solange die Glasur noch feucht ist) in die Mitte jedes Sterns eine halbe Haselnuß setzen.
Zuckerglasur: Eiweiß, Puderzucker und Kirschwasser miteinander verrühren.

Heidesand

200 g Butter, 175 g Zucker, 1 Paket Vanillezucker, 1 Prise Salz, 1 El Milch, 250 g Mehl, 1 Tl Backpulver

Die Butter bei geringer Hitze bräunen, vom Herd nehmen und abkühlen lassen. Die wieder erstarrte Butter mit Zucker, Vanillezucker und Salz dickschaumig rühren. Die Milch einrühren. Das Mehl mit dem Backpulver darübersieben und alles rasch zu einem glatten Teig verarbeiten. – Nach kurzer Ruhezeit 2–3 cm dicke Rollen formen, auf ein Küchenbrett legen und 2–3 Stunden im Kühlschrank erstarren lassen. Die Rollen dann mit einem scharfen Messer in $1/2$ cm dicke Scheiben schneiden. Die so erhaltenen Plätzchen bei 160° goldgelb backen (15–20 Min.).

Hirschknöpfe

200 g Butter, 250 g Puderzucker, 2 Päckchen Vanillezucker, 1 Prise Salz, 4 Eigelbe, 4 Eiweiße, 150 g Mehl, 250 g Stärkemehl etwa 50 g Kuvertüre

Die Butter mit Zucker, Vanillezucker und Salz schaumig rühren. Die Eigelbe einzeln dazugeben, nochmals schaumig rühren. Die Eiweiße sehr steif schlagen und zusammen mit dem Mehl und dem Stärkemehl unter die Schaummasse mischen. – Die Masse in einen Spritzsack mit großer glatter Tülle füllen. Auf ein gefettetes Blech Tupfen etwa in der Größe eines Einmarkstückes setzen. Die Knöpfe bei 200° goldgelb backen. – Die Kuvertüre im Wasserbad schmelzen, mit Hilfe eines Pinsels einige dünne Spiralen auf das überkühlte Gebäck spritzen.

Ingwernüsse

250 g Butter, 200 g Zucker, 1 Päckchen Vanillezucker, 1 Prise Salz, 1 Tl Ingwer gemahlen, 1 El Arrak, 2 Eier, 400 g Mehl, 1 Tl Backpulver
kandierter Ingwer
30 g Kuvertüre, 1 Tl Kokosfett

Die Butter mit dem Zucker und den Gewürzen verrühren. Die Eier dazugeben und die Masse dickschaumig rühren. Das Mehl mit dem

Backpulver darübersieben und gut vermischen. – Mit nassen Händen nußgroße Kugeln formen und auf ein gefettetes Backblech setzen. In die Mitte jeder Kugel ein Stückchen kandierten Ingwer drücken. Die Ingwernüsse bei 180° hell backen (etwa 15 Min.). – Die Kuvertüre mit dem Kokosfett im Wasserbad schmelzen. In die Mitte jeder Ingwernuß einen halben Mokkalöffel dieser Mischung geben und abfließen lassen.

Kaffeekrapferl

120 g Butter, 120 g Zucker, 1 Päckchen Vanillezucker, 100 g Mandeln geschält und gerieben, 1 Tl Kirschwasser, 2 El Pulverkaffee, 180 g Mehl
200 g Puderzucker, 2 El Kirschwasser, 1 El heißes Wasser
Schokoladekaffeebohnen

Die Butter bei schwacher Hitze erhitzen, bis sie haselnußbraun geworden ist, abkühlen lassen und dann mit Zucker und Vanillezucker schaumig rühren. Die geschälten, geriebenen Mandeln und den mit dem Kirschwasser verrührten Pulverkaffee dazugeben. Das Mehl einarbeiten. Die Masse kurz rasten lassen. – Mit nassen Händen kleine Bällchen formen, auf ein Backblech setzen und bei 150° hell backen (etwa 20 Min.). – Die Plätzchen noch warm mit Kirschglasur bestreichen und mit einer Schokoladekaffeebohne verzieren.
Kirschglasur: Den Puderzucker mit Kirschwasser und Wasser sehr gut verrühren.

Karlsbader Ringerl

180 g Butter, 100 g Zucker, 1 Prise Salz, die abgeriebene Schale einer Zitrone, 2 Eigelbe hartgekocht, 1 Eigelb
1 Ei, Kandiszucker grob gestoßen

Die Butter mit Zucker, Salz und der abgeriebenen Zitronenschale schaumig rühren. Die gekochten Eigelbe passieren und zusammen mit dem rohen Eigelb dazurühren. Das Mehl darübersieben und alles zu einem glatten Teig kneten; 1 Stunde kühl rasten lassen. – Den Teig etwa 3 mm dick ausrollen. Ringe ausstechen, mit dem verquirlten Ei bepinseln und mit Kandiszucker bestreuen. Bei 150° hell backen (10–15 Min.).

Kirschkrapferl

200 g Butter, 150 g Puderzucker, 2 Eier, 1 Prise Salz, die abgeriebene Schale von ¹/₂ Zitrone, 350 g Mehl
kandierte Kirschen, 1 Eigelb, 1 El Wasser

Die Butter mit dem Zucker, den einzeln zugegebenen Eiern und den Gewürzen schaumig rühren. Das Mehl dazugeben und alles zu einem glatten Teig verarbeiten. – Nach einstündiger Ruhezeit kleine Kugeln formen, auf ein Backblech legen und in der Mitte mit einem Kochlöffelstiel eindrücken. Je eine kandierte Kirsche in diese Vertiefung drücken. Die Krapferl mit etwas verquirltem Eigelb bestreichen. Bei 150° (etwa 15 Min.) goldbraun backen (Abb. S. 51).

Kokosnüsse

125 g Butter, 100 g Zucker, 1 Päckchen Vanillezucker, 1 Prise Salz, 1 Ei, 100 g Kokosraspeln, 100 g Mehl, 1 Tl Backpulver, 100 g Stärkemehl

Die Butter mit Zucker, Vanillezucker und dem zuletzt zugegebenen Ei schaumig rühren. Die Kokosraspeln einrühren. Mehl, Backpulver und Stärkemehl miteinander mischen und über die Schaummasse sieben. Alles gut vermengen. – Mit nassen Händen nußgroße Bällchen formen und auf ein gut gefettetes Backblech setzen; 1 Stunde kühl ruhen lassen. Die Kokosnüsse bei 180° so backen, daß sie innen noch etwas weich sind (etwa 10 Min.).

Linzer Kranzerl

4 Eigelbe, hart gekocht, 80 g Puderzucker, 200 g Butter, 2 Pakete Vanillezucker, 1 Prise Salz, 300 g Mehl
1 Eigelb, 120 g Mandeln geschält und gehackt, Johannisbeermarmelade

Die hartgekochten Eigelbe passieren und dann mit Zucker und Butter und den Gewürzen schaumig rühren. Das Mehl dazugeben und alles zu einem glatten Teig kneten; ¹/₂ Stunde zugedeckt kühl stellen. – Den Teig 3–4 mm dick ausrollen und ca. 5 cm große Kranzerl ausstechen. Diese mit dem verquirlten Eigelb bestreichen und mit den gehackten Mandeln bestreuen (dabei leicht festdrücken). Die Kranzerl bei 180° hell backen (8–10 Min.). – Nach dem Abkühlen an der Unterseite dünn mit Johannisbeermarmelade bestreichen und je 2 Kranzerl zusammensetzen (Abb. S. 52).

Mailänderli

225 g Butter, 225 g Zucker, 1 El Zitronensaft, 1 Prise Salz, 2 Eier, 75 g Mandeln, 350 g Mehl
1 Ei

Die Butter mit dem Zucker, den Gewürzen und den einzeln zugegebenen Eigelben sehr schaumig rühren. Die geschälten, geriebenen Mandeln unterheben. Das Mehl dazugeben und zu einem glatten Teig verrühren. Den sehr weichen Teig mindestens 2 Stunden kühl ruhen lassen. – Den Teig auf bemehltem Brett etwa ½ cm dick ausrollen. Monde, Sterne, Herzen ... ausstechen, auf ein Backblech legen und mit dem verquirlten Ei bepinseln. Bei 160° und anfangs leicht geöffneter Backofentür goldbraun backen (10–20 Min.).

Mainzer Butterkeks

90 g Butter, 60 g Butterschmalz, 90 g Zucker, 1 Eigelb, 2 Tl Arrak, die abgeriebene Schale von 1 Zitrone, 1 Prise Salz, 250 g Mehl – 40 g Puderzucker, 1 El Zimt

Butter, Butterschmalz und Zucker schaumig rühren. Das Eigelb und die Gewürze dazurühren. Das gesiebte Mehl einarbeiten; gut durchkneten und etwa 2 Stunden kühl ruhen lassen. – Den Teig 4–5 mm dick ausrollen und beliebige Figuren ausstechen. Die Kekse bei 180° hellgelb backen (15–20 Min.). – Die Kekse sofort vom Blech nehmen und noch heiß in einem Zimt-Puderzucker-Gemisch wenden.

Malteser Plätzchen

125 g Butter, 100 g Zucker, 1 Paket Vanillezucker, 1 Prise Salz, 1 Ei, 80 g Haselnüsse gerieben, 250 g Mehl
Hagebuttenmarmelade, Kuvertüre, 1–2 El Pistazien gehackt

Butter, Zucker, Vanillezucker und Salz schaumig rühren. Das Ei und dann die geriebenen Haselnüsse einrühren. Zuletzt das gesiebte Mehl einarbeiten; 1–2 Stunden kühl ruhen lassen. – Den Teig etwa 3 mm dick ausrollen. 3–4 cm große runde Plätzchen ausstechen, auf ein Backblech legen und bei 150° hell backen. – Nach dem Abkühlen je zwei Plätzchen mit Hagebuttenmarmelade zusammensetzen. – Die Kuvertüre im Wasserbad schmelzen und die Oberseite der zusammengesetzten Plätzchen damit überziehen. Mit einigen gehackten Pistazien bestreuen.

Mandelblättchen

200 g Butter, 100 g Zucker, 2 Eigelbe, 1 Zitrone (Saft und abgeriebene Schale), 1 Prise Salz, 100 g Mandeln geschält und gerieben, 250 g Mehl
Aprikosenmarmelade, Mandelsplitter

Die Butter mit dem Zucker und den einzeln dazugegebenen Eigelben schaumig rühren. Den Zitronensaft, die abgeriebene Zitronenschale, Salz und Mandeln dazurühren. Das gesiebte Mehl einarbeiten. Einen glatten Teig kneten; 1 Stunde kühl ruhen lassen. – Den Teig etwa 3 mm dick ausrollen. Kleine runde Plätzchen ausstechen. Bei 180° ganz hell backen (5–8 Min.). – Die Blättchen sofort mit erwärmter Aprikosenmarmelade bestreichen (einen schmalen Rand freilassen), mit Mandelsplitter bestreuen und nochmals 5 Min. in das heiße Rohr stellen.

Mandelringe

75 g Butter, 100 g Zucker, 1 Paket Vanillezucker, 1 Prise Salz, 3 Eier, 100 g Mandeln, 50 g Stärkemehl, 200 g Mehl, 1 Tl Backpulver
50 g Mandeln gehackt

Die Butter mit dem Zucker, dem Vanillezucker und den einzeln eingearbeiteten Mandeln schaumig rühren. Mehl, Stärkemehl und Backpulver mischen und darübersieben. Alles zusammen gut vermischen. – Die Masse in einen Spritzsack mit glatter Lochtülle füllen. Auf ein Backblech 4–5 cm große Ringe spritzen und diese mit den gehackten Mandeln bestreuen.
Die Mandelringe in dem auf 180° vorgeheizten Backrohr goldgelb backen (10–20 Min.).

Mandelspekulatius

250 g Butter, 150 g Farinzucker, 150 g Puderzucker gesiebt, 1 Ei,
1 Tl Zimt, 1/2 Tl Kardamom, 1/4 Tl Nelkenpulver, 1 MSp Piment,
die abgeriebene Schale von 1 Zitrone, 1 Prise Salz, 100 g Man-
deln fein gerieben, 2 El Milch, 1 MSp Hirschhornsalz, 450 g
Mehl
50 g gehobelte Mandeln, Milch

Die Butter mit dem Zucker, dem Ei und allen Gewürzen schaumig
rühren. Die Mandeln und das in der Milch gelöste Hirschhornsalz
dazugeben. Das Mehl darübersieben. Alles zusammen rasch zu einem
glatten Teig verarbeiten; zugedeckt über Nacht im Kühlschrank ruhen lassen.
Einen Spekulatiusmodel gut mit Mehl ausstauben. Aus dem Teig
Rollen in der Länge des Models formen, diese über den Model legen
und den Teig gut in die Form drücken, den überstehenden Teig mit
einem scharfen Messer (oder einem dünnen Draht) abschneiden. Die
Figuren vorsichtig herausklopfen (am besten mit der Kante der Form
auf ein Brett schlagen) und auf gefettetes, mit gehobelten Mandeln
bestreutes Backblech legen.
Die so vorbereiteten Mandelspekulatius mit Milch bestreichen und in
dem auf 150° vorgeheizten Backofen (10–15 Min.) hellbraun backen
(Abb. S. 86 unten).

Mandelstifte

120 g Butter, 120 g Zucker, 1 Ei, die abgeriebene Schale von
1 Zitrone, 1 Paket Vanillezucker, 1 Prise Salz, 120 g Mandeln
geschält und gerieben, 120 g Mehl
200 g Mandeln geschält und fein gerieben, 2 Eier, 100 g Puder-
zucker

Butter, Zucker, Ei und Gewürze miteinander schaumig rühren. Die
geriebenen Mandeln und das Mehl einarbeiten; 1–2 Stunden kühl
ruhen lassen.
Aus dem Teig bleistiftstarke Rollen formen und diese in 4–5 cm
lange Stücke schneiden. Die so erhaltenen Stücke zunächst in dem
verquirlten Ei und dann in den mit dem Puderzucker vermischten
Mandeln wälzen. Die Stifte auf ein gut gefettetes Blech legen und in
dem auf 180° vorgeheizten Backrohr hell backen (etwa 15 Min.).

Masurek

*200 g Butter, 200 g Zucker, 1 Prise Salz, 5 Eier, 90 g Mandeln,
10 g Bittermandeln, 200 g Mehl
4 El Kristallzucker, 4 El Mandeln gehackt*

Die Butter mit $^3/4$ der Zuckermenge, dem Salz und den einzeln zugegebenen Eigelben schaumig rühren. Die geschälten, geriebenen Mandeln (beide Sorten) dazurühren. Das Mehl darübersieben und leicht
vermengen. Zuletzt den mit dem restlichen Zucker steif geschlagenen
Eischnee einziehen.
Die Masse auf ein gefettetes, bemehltes Backblech streichen und mit
Kristallzucker und grob gehackten Mandeln bestreuen. Die Plätzchen
in das vorgeheizte Rohr schieben und bei 200° goldgelb backen
(15–25 Min.).
Den fertigen Masurek noch warm in ganz kleine (etwa 2 cm) Rhom-
ben schneiden.
Ein Tip: An Stelle der Bittermandeln können Sie auch 100 g Mandeln und 5 Tropfen Bittermandelöl verwenden.

Mohnkringel

*180 g Butter, 100 g Puderzucker, 1 Päckchen Vanillezucker, 1 Tl
Zitronensaft, die abgeriebene Schale von 1 Zitrone, 1 Prise Nelkenpulver, 1 Prise Salz, 1 Ei, 100 g Mohn fein gerieben, 250 g
Mehl
200 g Puderzucker, 2 El Zitronensaft, 1 Tl heißes Wasser – Schokoladestreusel, Liebesperlen*

Die Butter mit dem Zucker, den Gewürzen und dem Ei schaumig
rühren. Erst den geriebenen Mohn und anschließend das Mehl einarbeiten.
Nach kurzer Ruhezeit schwach bleistiftstarke Rollen formen und
diese in 10–12 cm lange Stücke schneiden. Aus jedem Stück einen
Ring formen (Enden leicht festdrücken), auf ein schwach gefettetes
Backblech setzen, in den vorgeheizten Backofen schieben und bei
180° hell backen (15–20 Min.).
Die Mohnkringel nach dem Abkühlen dick mit Zitronenglasur bestreichen und mit Schokoladestreuseln oder Liebesperlen bestreuen.
Zitronenglasur: Den Puderzucker mit Zitronensaft und Wasser zu
einer dicken Masse verrühren.

Mohrenscheiben

150 g Butter, 120 g Puderzucker, 1 Päckchen Vanillezucker,
1 Prise Salz, 1 Eigelb, 100 g Mandeln geschält und gerieben,
250 g Mehl – Aprikosenmarmelade
150 g Schokolade, 10 g Kokosfett, 200 g Puderzucker, 3 El
Wasser

Butter, Zucker, Vanillezucker, Salz und Eigelb miteinander schaumig
rühren. Die geschälten, geriebenen Mandeln dazugeben. Zuletzt das
Mehl einarbeiten. Einen glatten Teig kneten und diesen etwa
1 Stunde kühl ruhen lassen. – Den Teig dann 3–4 mm dick ausrollen.
Etwa 4 cm große Plätzchen ausstechen. Aus der Hälfte dieser Plätzchen mit einem $2^1/_2$–3 cm großen Ausstecher Scheiben ausstechen, so
daß Ringe entstehen. Plätzchen und Ringe bei 150° hell backen (etwa
15 Min.).
Anschließend je einen Ring und eine Scheibe noch warm mit erhitzter
Aprikosenmarmelade zusammensetzen. Die Scheiben dann mit Schokoladeglasur bestreichen und in die Mitte noch etwas mehr Marmelade füllen.
Glasur: Die Schokolade mit dem Kokosfett im Wasserbad schmelzen.
Zucker und Wasser 2 Min. miteinander kochen; nach dem Überkühlen mit der geschmolzenen Schokolade mischen.

Mondseer Stangerl

125 g Haselnüsse, 175 g Butter, 100 g Puderzucker, 1 Päckchen
Vanillezucker, 1 Prise Salz, 1 Prise Nelkenpulver, 1 Ei, 1 El Rum,
25 g Kakao, 200 g Mehl
Puderzucker – Kuvertüre

Die Haselnüsse im Rohr leicht rösten und die Schale zwischen den
Händen (einem Tuch) abreiben; dann reiben. Die Butter mit dem
Zucker und den Gewürzen, Ei, Rum und Kakao schaumig rühren.
Die vorbereiteten Haselnüsse und das Mehl dazumischen. – Den Teig
in einen Spritzsack mit großer Sterntülle geben und 5–6 cm lange
Streifen auf ein Backblech spritzen. Im vorgeheizten Backofen 10 bis
15 Min. bei 180° backen.
Die Stangerl noch heiß mit Puderzucker bestreuen. – Nach dem
Erkalten beide Enden $^1/_2$–1 cm tief in geschmolzene Kuvertüre
tauchen.

Nürnberger Buttergebäck

250 g Puderzucker, 2 Eier, die abgeriebene Schale von 1 Zitrone, 1 Prise Salz, 1 Prise Zimt, 2 El Arrak, 250 g Butter, 500 g Mehl, 30 g Puderzucker, 1 El Zimt

Den Zucker mit den Eiern, den Gewürzen und dem Arrak schaumig rühren. Die Hälfte der Butter erwärmen, bis sie haselnußbraun geworden ist; abkühlen lassen. Das Mehl mit der gesamten Butter und der Eimischung zu einem Mürbteig verarbeiten; etwa 1 Stunde kühl ruhen lassen. – Den Teig dann etwa 4 mm dick ausrollen. Beliebige Figuren ausstechen. Bei 180° hell backen (10–15 Min.). – Das Gebäck noch warm in Zimt und Zucker wenden.

Nußbusserl

150 g Butter, 100 g Puderzucker, 1 Päckchen Vanillezucker, 1 Prise Salz, 6 Eigelbe, 1 ganzes Ei, 50 g Walnüsse gerieben, 300 g Mehl
Aprikosenmarmelade, passiert – 100 g Puderzucker, 2–3 El Wasser – Walnüsse, halbiert

Butter, Zucker, Vanillezucker und Salz schaumig rühren. Die Eigelbe und das Ei einzeln dazugeben und immer weiterrühren. Die Walnüsse daruntermischen. Zuletzt das Mehl darübersieben und einarbeiten. Die Masse 2–3 Stunden im Kühlschrank ruhen lassen. – Aus dem Teig nußgroße Kugeln formen und bei 150° hell backen (15–25 Min.). Noch warm mit heißer Aprikosenmarmelade bepinseln. Wenn die Marmelade angetrocknet ist, mit Zuckerglasur bestreichen und mit einer Nußhälfte verzieren (Abb. S. 51).
Zuckerglasur: Den Zucker mit kochendem Wasser übergießen und zu einer glatten Glasur verrühren.

Pfaffenkäppchen

125 g Butter, 125 g Zucker, die abgeriebene Schale von 1 Zitrone, 1 Prise Salz, 1 Ei, 250 g Mehl
Johannisbeer- oder Erdbeermarmelade – 1 Eigelb, 1 Tl Wasser

Die Butter mit dem Zucker, der abgeriebenen Zitronenschale und dem Salz schaumig rühren. Das Ei dazurühren, zuletzt das Mehl ein-

Teig hochschlagen und zusammendrücken

arbeiten; ¹/₂ Stunde kühl ruhen lassen. – Den Teig 2 mm dick ausrollen und etwa 8 cm große Plätzchen ausstechen. In die Mitte dieser Plätzchen ¹/₂ Tl Marmelade geben. Den Teig dann auf drei Seiten hochschlagen und zusammendrücken. Die Käppchen auf ein Backblech setzen und einige Stunden, noch besser über Nacht, ruhen lassen.

Das Eigelb mit dem Wasser verquirlen und die Käppchen damit bestreichen. Bei 180° goldbraun backen (15–25 Min.).

Salzburger Nußkrapferl

150 g Butter, 75 g Zucker, 1 El Kirschwasser, die abgeriebene Schale von ¹/₂ Zitrone, 1 MSp Koriander, 1 Prise Salz, 1 Ei, 100 g Walnüsse gerieben, 150 g Mehl, 100 g Stärkemehl
50 g Butter, 50 g Zucker, 50 g Walnüsse gerieben, 2 El Aprikosenmarmelade, 1 El Kirschwasser
Puderzucker, halbierte Baumnüsse

Die Butter mit dem Zucker, den Gewürzen und dem Ei schaumig rühren. Die Walnüsse einrühren. Mehl und Stärkemehl darübersieben, einarbeiten und einen glatten Teig kneten, ¹/₂ Stunde ruhen lassen. – Den Teig 4–5 mm dick ausrollen. Runde, 3–4 cm große Scheiben ausstechen und bei 180° hell backen (etwa 15 Min.). – Die Hälfte der fertig gebackenen Plätzchen dick mit Puderzucker bestreuen, die andere Hälfte mit etwa ³/₄ der Nußfüllung bestreichen. Je zwei Plätzchen zusammensetzen.

In die Mitte der fertigen Krapferl ¹/₂ El Füllung geben und einen halben Walnußkern daraufsetzen.

Füllung: Butter, Zucker, Walnußkerne, Aprikosenmarmelade und Kirschwasser unter ständigem Rühren fast bis zum Kochen erwärmen, vom Herd nehmen und abkühlen lassen.

Schokoladeherzen

150 g Butter, 80 g Zucker, die abgeriebene Schale von ½ Zitrone, 1 Prise Salz, 100 g Mandeln gerieben, 150 g Mehl Johannisbeermarmelade – 150 g Schokolade, 10 g Kokosfett, 200 g Zucker, 4 El Wasser – 1 El Pistazien geschält und gehackt

Butter, Zucker, Zitronenschale und Salz schaumig rühren. Die ungeschält geriebenen Mandeln und das Mehl darunterkneten. Den Teig etwa 1 Stunde zugedeckt im Kühlschrank ruhen lassen. – Den Teig dann etwa 4 mm dick ausrollen; Herzen ausstechen und diese auf ungefettetem Backblech hell backen (8–12 Min.). – Je zwei Herzen mit Johannisbeermarmelade zusammensetzen (Unterseite auf Unterseite). Die Oberseite der zusammengesetzten Herzen mit Schokoladeglasur überziehen und mit gehackten Pistazien bestreuen (Abb. S. 52). *Glasur:* Schokolade und Kokosfett im Wasserbad schmelzen. Den Zucker mit Wasser 2 Min. kochen, überkühlen lassen und dann mit der geschmolzenen Schokolade zu einer glatten Masse verrühren.

Schokoladenüsse

150 g Schokolade, 240 g Haselnüsse, 150 g Butter, 175 g Zucker

Die Schokolade und die Haselnüsse reiben. Die Butter mit dem Zucker schaumig rühren. Die geriebene Schokolade und zuletzt die Haselnüsse dazugeben. Mit nassen Händen nußgroße Kugeln formen, auf ein gefettetes Backblech setzen und 2 Stunden kühl ruhen lassen. Die Nüsse dann in einem auf 130° erhitzten Rohr so backen, daß sie innen noch weich sind (etwa 10 Min.).

Schwarzäuglein

150 g Butter, 100 g Puderzucker, 2 Päckchen Vanillezucker, 1 Prise Salz, die abgeriebene Schale von ½ Zitrone, 1 Tl Zitronensaft, 1 Tl Rum, 150 g Mandeln geschält und gerieben, 200 g Mehl – Johannisbeermarmelade, Puderzucker
100 g Schokolade, 10 g Kokosfett, 150 g Puderzucker, 2 El Wasser

Butter, Zucker, Vanillezucker, Salz, Zitronenschale, Zitronensaft und Rum miteinander schaumig rühren. Die Mandeln und zuletzt das

Mehl dazugeben und alles rasch zu einem Mürbteig verarbeiten; 2 Stunden kühl ruhen lassen. – Den Teig 3–4 mm dick ausrollen. Gleich viele 4–5 cm große Scheiben und Ringe ausstechen, auf ein Backblech legen und bei 150° hellbraun backen. – Je eine Scheibe und einen Ring noch warm mit erwärmter Johannisbeermarmelade zusammensetzen und sofort mit Puderzucker bestreuen. – Mit einem Mokkalöffel in die Mitte der Scheiben etwas Schokoladeglasur geben.

Schokoladeglasur: Die Schokolade mit dem Kokosfett im Wasserbad schmelzen. Zucker und Wasser aufkochen, überkühlen lassen und mit der erweichten Schokolade zu einer glatten Masse verrühren.

Siamesen

100 g Butter, 200 g Zucker, 1 Prise Salz, 1 Prise Safran, 1 El Orangensaft, 3 Eier, 120 g Mandeln geschält und gerieben, 200 g Mehl
4 El Orangenmarmelade passiert, 1 Tl Cointreau – 50 g Kuvertüre

Die Butter mit dem Zucker und den Gewürzen schaumig rühren. Die Eier einzeln dazugeben, alles schaumig rühren. Die Mandeln und zuletzt das gesiebte Mehl einarbeiten. – Mit zwei Teelöffeln walnußgroße runde Häufchen auf ein Blech setzen und bei 160° goldgelb backen (15–20 Min.). – Inzwischen die Orangenmarmelade erwärmen und mit dem Cointreau verrühren. Die noch warmen Plätzchen mit dieser Marmelade zusammensetzen (Unterseite auf Unterseite). – Je nach Wunsch noch mit einigen Streifen geschmolzener Kuvertüre verzieren.

Spritzbäckerei

220 g Butter, 110 g Zucker, die abgeriebene Schale von 1 Zitrone, 1 Prise Zimt, 1 Prise Salz, 3 Eigelbe, 75 g Mandeln geschält und fein gerieben, 250 g Mehl
Kuvertüre

Butter, Zucker und Gewürze zusammen schaumig rühren. Die Eigelbe einzeln dazugeben und nochmals schaumig rühren. Die vorbereiteten Mandeln und zuletzt das gesiebte Mehl einrühren. – Die

Masse sofort in einen Spritzsack mit großer Sterntülle füllen und Stangen oder Schleifen auf ein Backblech spritzen. Bei 180° ganz hell backen (12–15 Min.). – Die fertige Spritzbäckerei jeweils zur Hälfte in geschmolzene Kuvertüre tauchen.

Türkenmonde

120 g Butter, 150 g Zucker, 1 El Honig, 1 El Arrak, 1 Ei, 1 Tl Zimt, 1 MSp Ingwerpulver, 1 Prise Salz, die abgeriebene Schale von ½ Zitrone, 2 El kandierter Ingwer fein gehackt, 80 g Mandeln geschält und gerieben, 250 g Mehl, 1 Tl Backpulver 1 Eigelb, 1 Tl Wasser – 50 g Kuvertüre, 1 MSp Ingwer

Butter und Zucker miteinander schaumig rühren. Honig und Arrak leicht erwärmen (im Wasserbad) und daruntermischen. Das Ei und die Gewürze dazugeben und nochmals schaumig rühren. Den kandierten Ingwer, die Mandeln und zuletzt das mit dem Backpulver gemischte Mehl einarbeiten; gut verkneten und ½ Stunde kühl stellen. – Den Teig 4–5 mm dick ausrollen; Monde ausstechen und mit dem verquirlten Eigelb bepinseln. Bei 180° goldbraun backen (15–20 Min.). – Die Kuvertüre im Wasserbad schmelzen und mit dem Ingwer verrühren. Die fertigen Monde mit beiden Spitzen etwa ½ cm in diese Mischung tauchen.

Vanilleringe

200 g Butter, 100 g Zucker, 1 Päckchen Vanillezucker, die abgeriebene Schale von 1 Zitrone, ½ Tl Zitronensaft, 1 MSp Zimt, 1 Prise Salz, 1 Eigelb, 175 g Walnüsse gerieben, 250 g Mehl 30 g Puderzucker, 3 Päckchen Vanillezucker – Orangen- oder Aprikosenmarmelade

Die Butter mit dem Zucker und den Gewürzen schaumig rühren. Das Eigelb einrühren. Die sehr fein gemahlenen Nüsse (am besten zweimal durch die Mühle drehen) und das Mehl dazurühren. – Den Teig in einen Spritzbeutel mit gezackter Tülle füllen. Kleine Ringe auf ein Backblech spritzen und etwa ½ Stunde kühl stellen; dann bei 180° goldgelb backen (10–15 Min.). Die Ringe noch heiß dick mit einem Gemisch aus Puder- und Vanillezucker bestreuen. Nach dem Abkühlen mit der erwärmten Marmelade zusammensetzen.

Zimtkranzerl

*125 g Butter, 125 g Zucker, 1 Tl Zimt, 1 Prise Salz, 1 Ei, 125 g
Haselnüsse gemahlen, 180 g Mehl
200 g Zucker, 3 El Wasser, 1 Spritzer Zitronensaft, 1 Tl Zimt*

Butter, Zucker, Gewürze und Salz schaumig rühren. Die gemahlenen
Haselnüsse und das Mehl dazugeben, glatt kneten. – Den Teig nach
kurzer Ruhezeit 3–4 mm dick ausrollen. Etwa 4 cm große gezackte
Plätzchen ausstechen und in der Mitte mit einem Fingerhut ein Loch
machen. Die Kränzchen auf ein gefettetes Backblech setzen und bei
180° backen (etwa 15 Min.). – Das Gebäck nach kurzem Überkühlen
mit Zimtglasur bestreichen.
Zimtglasur: Den Zucker mit heißem Wasser und Zitronensaft zu einer dicken Masse verrühren. Den Zimt dazugeben und nur ganz
leicht vermengen, so daß die Glasur marmoriert wirkt.

Zitronenbrezeln

*100 g Butter, 50 g Zucker, 1 Päckchen Vanillezucker, 1 Prise
Salz, Saft und abgeriebene Schale von ½ Zitrone, 1 Eigelb, 100 g
Mandeln geschält und gerieben, 100 g Mehl
150 g Puderzucker, 3 El Zitronensaft, 1 El heißes Wasser*

Butter, Zucker, Gewürze und das zuletzt zugegebene Eigelb schaumig
rühren. Die vorbereiteten Mandeln und das Mehl einarbeiten. Den
Teig glatt kneten und 1–2 Stunden kühl stellen. – Schwach bleistiftstarke Rollen formen und diese in 10–12 cm lange Stücke schneiden.
Aus jedem Stück eine kleine Brezel formen. Bei 180° hell backen
(15–25 Min.). – Die fertigen Brezeln in Zitronenglasur tauchen.
Zitronenglasur: Zucker mit Zitronensaft und Wasser verrühren.

Zuckerkringel

*100 g Butter, 50 g Zucker, 1 Päckchen Vanillezucker, die abge-
riebene Schale von 1 Zitrone, 1 Eigelb, 100 g Mandeln geschält
und gerieben, 100 g Mehl
1 Ei, ½ Tl Honig, 1 Tl Wasser, Hagelzucker*

Butter, Zucker, Gewürze und Eigelb schaumig rühren. Die Mandeln
und dann das Mehl daruntermischen. Einen glatten Teig kneten;

1 Stunde kühl stellen. – Schwach bleistiftstarke Rollen formen und in gleichmäßige 9–10 cm lange Stücke schneiden. Die Stücke ringförmig auf ein Backblech legen. – Das Ei mit Honig und Wasser verrühren. Die Ringe damit bestreichen und dicht mit Hagelzucker bestreuen. Bei 180° hell backen (15–25 Min.).

Zur Abwechslung: Backen Sie die Zuckerkringel, ohne sie zu bestreichen, und glasieren Sie sie nach dem Backen mit Zuckerguß: 200 g Puderzucker mit 2–3 El heißem Wasser verrühren.

Plätzchen aus Mürb-(Knet-)teig

Arrakbrezeln

250 g Mehl, 1 Prise Salz, 125 g Butter, 125 g Zucker, 1 Päckchen Vanillezucker, 1 Ei, 1 El Arrak
200 g Puderzucker, 1 Eiweiß, 2 El Arrak

Das Mehl mit dem Salz vermischen und mit der Butter verbröseln. Zucker, Vanillezucker, Ei und Arrak dazumischen und einen glatten Teig kneten; ½ Stunde kühl stellen. – Schwach bleistiftstarke Rollen formen und in etwa 12 cm lange Stückchen schneiden. Brezeln formen. Bei 180° hell backen (etwa 15 Min.). – Die fertigen Brezeln an der Oberseite mit Arrakguß bestreichen.

Arrakguß: Puderzucker, Eiweiß und Arrak miteinander verrühren.

Aprikosenaugen

300 g Mehl, 200 g Butter, 100 g Zucker, 1 Prise Salz, die abgeriebene Schale von ½ Zitrone, 2 Eigelbe
Puderzucker, Aprikosenmarmelade

Das Mehl mit der kleingeschnittenen Butter verbröseln. Zucker, Salz, Zitronenschale und Eigelbe dazugeben und alles zusammen rasch zu einem mürben Teig verarbeiten; zudecken und ½ Stunde kühl ruhen lassen. – Den Teig 2 mm dick ausrollen. Kleine runde Plätzchen ausstechen (besonders hübsch ist es, wenn Sie einen Ausstecher mit gewelltem Rand verwenden). Aus der Hälfte dieser Plätzchen mit einem kleinen Ausstecher (zur Not: einen Fingerhut oder eine Spritztülle

Kleeblätter (S. 125), Tuttifrutti-Makronen (S. 113), Pomeranzenbrötle (S. 61)

verwenden) ein rundes Loch ausstechen, so daß Ringe entstehen. Plätzchen und Ringe auf ein Backblech setzen und bei 180° hell bakken (15–20 Min.). – Die gelochten Plätzchen noch warm mit Puderzucker bestreuen. Die Plätzchen nach dem Abkühlen mit Aprikosenmarmelade bestreichen, die Ringe aufsetzen (Abb. S. 52).
Zur Abwechslung: Sie können die Ringe vor dem Backen mit Eigelb bestreichen und mit fein gehackten, geschälten Mandeln bestreuen.

Ausstecherle

300 g Mehl, 200 g Butter, 100 g Zucker, 1 Päckchen Vanillezukker, 1 Prise Salz, die abgeriebene Schale von 1 Zitrone, 1 Eigelb, 1 Ei, 1 El Wasser, gehackte Mandeln, Nüsse oder Hagelzucker

Mehl und Butter miteinander verbröseln. Zucker, Gewürze und das Eigelb dazugeben. Rasch einen Mürbteig kneten und diesen $^1/_2$ Stunde kühl ruhen lassen. – Den Teig 2–3 mm dick ausrollen und beliebige Figuren (Kreise, Sterne, Herzen, Glocken, Tannenbäume, Tierfiguren . . .) ausstechen. Die Plätzchen auf ein Backblech legen. Mit dem mit Wasser verquirlten Ei bestreichen und mit Mandeln, Nüssen oder Hagelzucker bestreuen. Bei 180° goldgelb backen (10–20 Min.).
Zur Abwechslung: Backen Sie die Plätzchen, ohne sie vorher zu bestreichen. Glasieren Sie sie nach dem Backen mit Zitronenguß (200 g Zucker mit 2 El Zitronensaft und 1–2 El Wasser verrühren) und streuen Sie Liebesperlen oder bunten Streusel darauf.

Bielefelder Spekulatius

250 g Mehl, 125 g Butter, 1 Tl Zimt, die abgeriebene Schale von 1 Zitrone, 1 Prise Muskatblüte, 1 Prise Koriander, 1 Prise Salz, 125 g Zucker, 50 g Mandeln geschält und gerieben

Das Mehl mit der Butter verbröseln. Die Gewürze daruntermischen. Den Zucker und die vorbereiteten Mandeln dazugeben. Alles rasch zu einem mürben Teig verarbeiten und diesen $^1/_2$ Stunde kühl ruhen lassen. – Den Teig dann messerrückendick ausrollen. Beliebige Formen ausstechen. Auf schwach gefettetem Blech bei 150° hellbraun backen (etwa 5 Min.).

Nelkenkuchen (S. 53), Zimtsterne (S. 118), Königsberger Marzipan (S. 121), Mandelspekulatius (S. 75), Buttersterne und -herzen (S. 68), Springerle (S. 63), Mandelmakronen (S. 112)

Branntweinringerl

140 g Mehl, 140 g Butter, 140 g Mandeln geschält und gerieben, 1 Eigelb, die abgeriebene Schale von 1 Zitrone, 1 MSp Zimt, 1 Prise Salz, 2 Tl Cognac
Cognac nach Bedarf, Puderzucker

Das Mehl mit der Butter verbröseln. Die Mandeln, das Eigelb, die Gewürze und den Cognac dazugeben, einen glatten Teig kneten; 1–2 Stunden ruhen lassen. – Den Teig etwa 3 mm dick ausrollen und Ringe ausstechen. Diese Ringe mit Cognac bestreichen und dick mit Puderzucker bestreuen. Bei 140° hell backen (10–15 Min.).
Eine Variante: Verrühren Sie 1 Eigelb mit 1 El Cognac, bestreichen Sie die ausgestochenen Ringe damit und bestreuen Sie sie anschließend mit Hagelzucker.

Cognacscheiben

160 g Mehl, 100 g Butter, 60 g Zucker, 50 g Mandeln gerieben, die abgeriebene Schale von 1 Zitrone, 1 Prise Salz, 1 Eigelb
50 g Mandeln, 50 g Puderzucker, Cognac – Kuvertüre

Mehl und Butter miteinander verbröseln. Zucker, Mandeln, Gewürze und Eigelb dazugeben, alles gut verkneten; dann 1 Stunde ruhen lassen. – Den Teig 2–3 mm dick ausrollen. 3–4 cm große runde Plätzchen ausstechen und in 10–20 Min. bei 180° hell backen. – Nach dem Abkühlen jede zweite Scheibe mit Cognacfüllung bestreichen und eine unbestrichene aufsetzen. Die Cognacscheiben dann mit im Wasserbad geschmolzener Kuvertüre bestreichen.
Cognacfüllung: Die Mandeln mit dem Zucker mischen und mit der nötigen Menge Cognac zu einer streichfähigen Masse verarbeiten.

Danziger Kipferl

140 g Mehl, 1 Prise Salz, 100 g Butter, 50 g Schokolade gerieben, 100 g Haselnüsse gerieben, 50 g Zucker, 1 Päckchen Vanillezuk-ker, 1 Eigelb
Puderzucker, Aprikosenmarmelade

Das Mehl mit dem Salz vermischen und mit der Butter verbröseln. Schokolade, Haselnüsse, Zucker, Vanillezucker und Eigelb dazugeben. Einen Mürbteig kneten; den Teig zugedeckt ½ Stunde ruhen lassen.

Aus dem Teig eine daumendicke Rolle formen und in fingerbreite Stückchen schneiden. Jedes Stückchen 5–6 cm lang ausrollen, zu einem Hörnchen formen und auf ein Backblech legen. Bei 180° 10 bis 15 Min. backen.

Die Hörnchen noch heiß mit Puderzucker bestreuen. Nach dem Abkühlen die Hälfte der Hörnchen an der Unterseite mit erwärmter Aprikosenmarmelade bestreichen und anschließend je zwei Hörnchen zusammensetzen.

Figaros

250 g Mehl, 160 g Butter, 140 g Zucker, 1 Päckchen Vanillezuk-
ker, 2 Tropfen Bittermandelöl, 1 Prise Salz
250 g Marzipanrohmasse, 50 g Pistazien geschält und gehackt,
2 Eiweiße
Orangenmarmelade

Das Mehl mit der Butter verbröseln. Zucker, Vanillezucker, Bittermandelöl und Salz dazugeben. Einen glatten Teig kneten und ½ Stunde kühl ruhen lassen. – Den Teig dann etwa 3 mm dick ausrollen und 4–5 cm große runde Plätzchen ausstechen. – Die Marzipanrohmasse mit Pistazien und den Eiweißen zu einer glatten Masse verarbeiten. Diese Masse ringartig so auf die ausgestochenen Mürbteigplätzchen spritzen, daß rundherum 2–3 mm und in der Mitte ½–1 cm frei bleiben. In die Mitte jeweils 1 El Orangenmarmelade geben.

Die Figaros in dem auf 170° erhitzten Backrohr hell backen (15 bis 20 Min.).

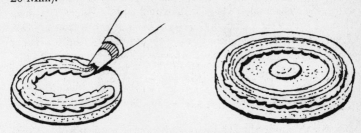

Figaros mit Marzipanmasse bespritzen und mit Marmelade verzieren

Gewürzspekulatius

250 g Mehl, ¹/₂ Tl Backpulver, 1 Prise Salz, 1 El Zimt, 1 MSp Nelkenpulver, 1 MSp Kardamom, die abgeriebene Schale von ¹/₂ Zitrone, 1 Päckchen Vanillezucker, 125 g Butter, 250 g Zucker, 2 Eier

Das Mehl mit dem Backpulver auf ein Brett sieben. Sämtliche Gewürze dazumischen. Die kleingeschnittene Butter mit dieser Mischung verbröseln. Zuletzt den Zucker und die Eier dazugeben. Alles zu einem glatten Teig verarbeiten und anschließend den Teig zugedeckt mehrere Stunden im Kühlschrank stehen lassen (am besten über Nacht).
Den Teig etwa 1 cm dick ausrollen und in die gut bemehlten Spekulatiusformen drücken, dann allen überstehenden Teig so wegschneiden, daß nur mehr die Vertiefung der Formen ausgefüllt ist. Die Spekulatius aus der Form lösen (am besten mit der Kante der Form auf ein Brett schlagen), auf ein schwach gefettetes Blech setzen und bei 180° hellbraun backen (15–20 Min.).

Gewürztaler

300 g Mehl, 120 g Zucker, 100 g Butter, 80 g Honig, 2 g Hirschhornsalz, ¹/₂ g Pottasche, 3 El Milch, 40 g Mandeln geschält und gerieben, 15 g Zitronat fein gehackt, 1 Paket Lebkuchengewürz, 1 Prise Salz
200 g Schokolade, 10 g Kokosfett, 200 g Zucker, 4 El Wasser
– Mandeln halbiert, Pinienkerne, Zitronat oder gezuckerte Blüten

Das Mehl mit Zucker, Butter und dem im Wasserbad leicht erwärmten Honig vermischen. Die in der Milch gelösten Triebmittel (Pottasche, Hirschhornsalz), Mandeln, Zitronat und Gewürze dazugeben. Einen glatten Teig kneten und diesen ¹/₂ Stunde ruhen lassen. – Den Teig 3–4 mm dick ausrollen. Runde Scheiben ausstechen, auf ein gut gefettetes Blech legen und bei 130° etwa 15 Min. backen. – Die Gewürztaler noch warm mit Schokoladeglasur überziehen. Solange die Glasur noch feucht ist, mit einer halben geschälten Mandel, einem oder mehreren Pinienkernen, einem Stückchen Zitronat oder gezuckerten Blüten verzieren.
Schokoladeglasur: Die Schokolade zusammen mit dem Kokosfett im Wasserbad schmelzen. Zucker und Wasser 2 Min. kochen lassen;

nach dem Überkühlen nach und nach mit der geschmolzenen Schokolade mischen.

Haselnußdukaten

250 g Mehl, 200 g Butter, 125 g Zucker, 1 Prise Salz, die abgeriebene Schale von 1 Zitrone, ¹/₂ Tl Koriander, ¹/₂ Tl Nelkenpulver, 200 g Haselnüsse, 1 Ei
125 g Kokosfett, 75 g Puderzucker, 30 g Kakao, 1 Päckchen Vanillezucker, 1 Tl Rum
Kuvertüre

Das Mehl mit der Butter verbröseln. Zucker, Gewürze, Haselnüsse und Ei dazumischen. Alles zu einem glatten Teig verkneten. Eine 2¹/₂–3 cm dicke Rolle formen und für 2 Stunden in den Kühlschrank stellen. Die Rolle in etwa 3 mm dicke Scheiben schneiden; bei 180° hellbraun backen (10–15 Min.). – Die Hälfte der Plätzchen mit Schokoladefüllung bestreichen, die restlichen Scheiben daraufsetzen und leicht festdrücken; erstarren lassen. – Die Oberseite der Plätzchen zur Hälfte mit geschmolzener Kuvertüre bestreichen.
Schokoladefüllung: Das Kokosfett geschmeidig rühren und Puderzucker, Kakao, Vanillezucker und Rum daruntermischen.

Husarenkrapferl

210 g Mehl, 150 g Butter, 70 g Zucker, 1 Päckchen Vanillezucker, 1 Prise Salz, die abgeriebene Schale von 1 Zitrone, 2 Eigelbe, 50 g Mandeln
1 Eigelb, 1 El Honig – Aprikosen- oder Johannisbeermarmelade

Das Mehl mit der Butter verbröseln. Zucker, Vanillezucker, Salz, die abgeriebene Zitronenschale, Eigelbe und die geschälten, geriebenen Mandeln dazugeben. Einen Mürbteig kneten und 1 Stunde kühl ruhen lassen. – Eine daumendicke Rolle formen und etwa 1¹/₂ cm große Stücke abschneiden. Jedes dieser Stückchen zu einer Kugel formen und auf ein Blech setzen. Mit bemehltem Finger in die Mitte der Kugeln eine Vertiefung drücken. Die Krapferl mit dem Eigelb, das zuvor mit Honig verquirlt wurde, bestreichen und bei 150° goldbraun backen. – Die fertigen Krapferl noch warm mit erhitzter Marmelade füllen.

Inntaler Krapferl

200 g Mehl, 1 MSp Backpulver, 100 g Butter, 50 g Zucker, 1 Prise Salz, die abgeriebene Schale von 1 Zitrone, 1 Eigelb – Puderzucker
80 g Butter – 100 g Zucker, 1 Eigelb, Saft und Schale von 1 Zitrone

Das Mehl mit dem Backpulver mischen und mit der Butter verbröseln. Zucker, Salz, Zitronenschale und Eigelb dazugeben. Einen Mürbteig kneten und ½ Stunde kühl ruhen lassen. – Den Teig etwa 3 mm dick ausrollen und runde Scheiben ausstechen. Die Scheiben auf ein gefettetes Blech geben und in den vorgeheizten Ofen schieben. Bei 140° hell backen (10–20 Min.).
Die Hälfte der Scheiben sofort mit Puderzucker bestäuben. Die restlichen Plätzchen nach dem Abkühlen mit Zitronencreme bestreichen und die gezuckerten Plätzchen aufsetzen.
Zitronencreme: Die Butter schaumig rühren. – Zucker, Eigelb, Zitronensaft und Zitronenschale über Dampf dickschaumig schlagen; unter häufigerem Schlagen erkalten lassen und dann mit der schaumig gerührten Butter mischen.

Ischler Törtchen

140 g Butter, 70 g Mehl, 70 g Semmelbrösel, 70 g Zucker, 1 Päckchen Vanillezucker, 1 Prise Salz, 70 g Haselnüsse gerieben Aprikosen- oder Johannisbeermarmelade
240 g Zucker, ¼ l Wasser, 160 g Blockschokolade, 1 El Öl – Haselnüsse gehackt

Die kleingeschnittene Butter mit dem Mehl verbröseln; Semmelbrösel, Zucker, Vanillezucker, Salz und Haselnüsse dazugeben. Einen mürben Teig kneten und ½ Stunde zugedeckt kühl ruhen lassen. – Den Teig 2–3 mm dick ausrollen und etwa 4 cm große Scheiben ausstechen. Bei 180° in 10–15 Min. hellgelb backen. – Nach dem Erkalten je zwei Plätzchen mit erwärmter Marmelade zusammensetzen. Mit Schokoladeglasur überziehen und mit gehackten Haselnüssen bestreuen.
Schokoladeglasur: Die Schokolade im Wasserbad schmelzen. Zucker und Wasser 2 Min. kochen lassen und nach dem Überkühlen nach und nach mit der geschmolzenen Schokolade mischen.

Kleinbrötchen

280 g Mehl, 140 g Butter, 50 g Zucker, 1 Prise Salz, 3 Eigelbe 140 g Haselnüsse, 2 Eiweiße, 140 g Zucker, die abgeriebene Schale von 1 Zitrone

Das Mehl mit der Butter verbröseln. Zucker, Salz und Eigelbe dazugeben. Einen glatten Teig kneten und mindestens 1 Stunde kühl ruhen lassen. – Den Teig 3–4 mm dick ausrollen und kleine runde Scheiben (etwa 2 cm) ausstechen. Die Haselnußschaummasse auf die Brötchen häufen. Bei 160° hell backen (15–20 Min.).
Haselnußschaummasse: Die Haselnüsse im Rohr rösten und die Schalen abreiben. – Die Eiweiße steif schlagen. $2/3$ der Zuckermenge löffelweise einschlagen. Den restlichen Zucker zusammen mit den Haselnüssen und der Zitronenschale unterheben.

Knusperle

300 g Mehl, 1 Tl Backpulver, 50 g Butter, 50 g Schweineschmalz, 100 g Zucker, 1 Päckchen Vanillezucker, 1 Prise Salz, 3 El Rum, 1–2 El Milch – Milch, Kristallzucker

Das Mehl mit dem Backpulver mischen, das Fett dazugeben und leicht verbröseln. Zucker, Vanillezucker, Salz, Rum und 1 El Milch zugeben. Alles zusammen rasch zu einem glatten Teig verkneten; sollte er sehr fest sein, noch etwas Milch zugeben. $1/2$ Stunde kühl stellen. – Den Teig messerrückendick ausrollen und beliebige Figuren ausstechen. Auf ein gefettetes Backblech legen, mit Milch bestreichen und mit Zucker bestreuen. Die Knusperle bei 180° goldbraun backen (5–10 Min.).

Kokosinchen

300 g Mehl, 1 Tl Backpulver, 125 g Butter, 1 Päckchen Vanillezucker, 1 Prise Salz, 1 Ei, 1 Eigelb – Brombeergelee 200 g Zucker, 2 Päckchen Vanillezucker, 200 g Butter, $1/8$ l Wasser, 200 g Haselnüsse gerieben, 200 g Kokosraspeln, Saft und Schale von $1/2$ Zitrone

Das Mehl mit dem Backpulver mischen. Die kleingeschnittene Butter einhacken. Vanillezucker, Salz, Ei und Eigelb dazugeben. Einen

Mürbteig kneten; ½ Stunde kühl ruhen lassen. – Den Teig 3–4 mm dick ausrollen. Etwa 3 cm große runde Plätzchen ausstechen und in die Mitte dieser Plätzchen 1 El Brombeergelee geben. Darüber ein nußgroßes Häufchen Kokosmasse geben und mit nassem Messer leicht verstreichen. Die Kokosinchen bei 160° hellbraun backen (15–20 Min.).

Kokosmasse: Zucker und Vanillezucker und Butter so lange mit dem Wasser kochen, bis der Zucker und die Butter gelöst sind. Haselnüsse, Kokosraspeln, Zitronensaft und Zitronenschale in die kochende Flüssigkeit geben. Die Masse vor der Verwendung abkühlen lassen.

Krokantplätzchen

125 g Mandeln, 90 g Zucker, 1 Tl Butter
300 g Mehl, 150 g Butter, 150 g Zucker, 1 Prise Salz, 1 Päckchen
Vanillezucker, 3 Tropfen Bittermandelöl, 2 El Weißwein
1 Eiweiß – 50 g Kuvertüre

Krokant: Die Mandeln schälen und hacken. Zucker und Butter unter ständigem Rühren erhitzen, bis der Zucker geschmolzen ist. Die Mandeln dazugeben und so lange weiter erhitzen, bis alles hellbraun geworden ist. Die Masse auf ein geöltes Pergamentpapier streichen und erkalten lassen. Den ausgekühlten Krokant in kleine Stückchen zerstoßen (am besten mit einem Fleischklopfer).

Das Mehl mit der Butter verbröseln. Zucker, Gewürze und Weißwein dazugeben und einen glatten Teig kneten; ½ Stunde zugedeckt ruhen lassen. – 2–3 cm dicke Rollen formen, mit etwas leicht geschlagenem Eiweiß bestreichen, in ⅓ des Krokants wälzen und kalt stellen. – Die jetzt feste Rolle in 3–4 mm dicke Scheiben schneiden. Jedes dieser Plätzchen mit übriggebliebenem Eiweiß bestreichen und mit Krokant bestreuen. Bei 200° goldbraun backen (etwa 10 Min.).

Mischlinge

300 g Mehl, 200 g Butter, 80 g Zucker, 2 El Vanillezucker,
1 Prise Salz, 1 Prise Kardamom, 1 Eigelb – 2 El Kakao, 1 El Rum
Aprikosenmarmelade, 100 g Kuvertüre – Mandeln

Das Mehl mit der Butter verbröseln, Zucker, Gewürze und Eigelb dazugeben und einen Mürbteig kneten. Den Teig halbieren; die eine

Hälfte mit Kakao und Rum verkneten. Aus jedem Teigstück eine etwa 2½ cm dicke Rolle formen und auf allen Seiten so geradedrükken, daß viereckige Stangen entstehen. Die beiden Stangen 2 Stunden in den Kühlschrank stellen. – Jede Stange in 2–3 mm dicke viereckige Blättchen schneiden; bei 160° ganz blaß backen (etwa 10 Min.). – Die dunklen Blättchen noch heiß mit Aprikosenmarmelade bestreichen und die hellen Plätzchen versetzt »daraufkleben«. – Die Mischlinge mit der im Wasserbad geschmolzenen Kuvertüre bestreichen und mit je einer halbierten Mandel belegen.

Maria-Theresien-Taler

150 g Mehl, ½ Tl Backpulver, 125 g Butter, 75 g Zucker, 1 Päckchen Vanillezucker, 1 Prise Salz, 150 g Haselnüsse gemahlen, 2 El Weißwein – 250 g Marzipanrohmasse, 150 g Puderzucker – Johannisbeergelee
150 g Puderzucker, 3 El Rum – Haselnüsse, Pistazien

Das Mehl mit dem Backpulver sieben und mit der Butter verbröseln. Die übrigen Zutaten dazugeben und einen glatten Teig kneten. – Den Teig nach kurzer Ruhezeit etwa 4 mm dick ausrollen. Runde, etwa 4 cm große Plätzchen ausstechen. Bei 180° hell backen (5–15 Min.). – Die Marzipanrohmasse mit Puderzucker verkneten und auf einem mit Zucker bestreuten Brett dünn ausrollen. Runde Scheiben in Größe der Plätzchen ausstechen. – Die Plätzchen nach dem Abkühlen dünn mit Johannisbeergelee bestreichen und mit je einem Marzipanblättchen belegen. Die Taler mit Punschglasur bestreichen und mit halbierten Haselnüssen oder halbierten Pistazien verzieren.
Punschglasur: Den Zucker mit dem Rum zu einer glatten Masse verrühren.

Nußtaler

175 g Mehl, 125 g Butter, 60 g Zucker, 1 Paket Vanillezucker, die abgeriebene Schale einer Zitrone, 1 Prise Salz, 50 g Walnüsse Himbeermarmelade – 200 g Puderzucker, 2 El Zitronensaft, 2 El Milch – Walnüsse halbiert

Das Mehl mit der kalten, kleingeschnittenen Butter verbröseln. Zukker, Gewürze und die geriebenen Walnüsse dazugeben. Einen Mürbteig arbeiten und diesen 20 Min. kühl stellen. – Den Teig 4–5 mm dick ausrollen. Etwa 3 cm große Plätzchen ausstechen, auf ein Backblech legen und bei 180° hell backen (10–15 Min.). – Je zwei Plätzchen mit erwärmter Himbeermarmelade zusammensetzen. Zuletzt mit Zitronenguß glasieren und mit je einer Nußhälfte belegen.

Zitronenguß: Den Zucker so lange kräftig mit Zitronensaft und Milch verrühren, bis eine dickflüssige Masse entsteht.

Prasselstangen

100 g Mehl, 150 g Butter, 150 g Schokolade gerieben, 100 g Zucker, 1 Päckchen Vanillezucker, 1 Prise Salz, 1 Tl Rum, 50 g Mandeln gerieben, 2 Eigelbe
1 Eiweiß, 2 El Kristallzucker, etwa 2–3 El Mandeln geschält und gehobelt

Mehl und Butter miteinander verbröseln. Schokolade, Zucker, Gewürze, Mandeln und Eigelbe dazugeben. Alles rasch zu einem glatten Teig kneten; ½ Stunde ruhen lassen. – Den Teig halbieren. Jeden Teil zu einem 2–3 mm dicken Rechteck ausrollen, mit leicht geschlagenem Eiweiß bestreichen und mit Zucker und gehobelten Mandeln bestreuen. Etwa 1 Stunde trocknen lassen und dann in 4–6 cm lange, etwa ½ cm breite Stangen radeln. Im vorgeheizten Backofen bei 180° backen (15–20 Min.).

Punschsterne

200 g Mehl, 100 g Butter, 80 g Zucker, 1 Prise Salz, 1 Eigelb, 1 El Rum – Johannisbeermarmelade
150 g Puderzucker, 1 El Rum, 1–2 El heißes Wasser, etwas rote Speisefarbe – kandierte Kirschen

Mehl und Butter verbröseln, Zucker, Salz, Eigelb und Rum dazugeben und einen Mürbteig kneten; ½ Stunde ruhen lassen. – Den Teig etwa 2 mm dick ausrollen und kleine Sterne ausstechen. Bei 150° hellbraun backen (etwa 15 Min.). – Je zwei Sterne mit Johannisbeermarmelade zusammensetzen. Zuletzt mit Punschglasur bestreichen und mit halben kandierten Kirschen verzieren.

Punschglasur: Puderzucker, Rum und heißes Wasser zu einer glatten dicken Masse verrühren; mit etwas Speisefarbe tönen.

Plätzchen pyramidenartig aufeinandersetzen

Pyramiden

300 g Mehl, 200 g Butter, 100 g Zucker, 2 Eigelbe, die abgeriebene Schale von 1 Zitrone, 1 Prise Salz – Johannisbeergelee
200 g Puderzucker, 2 El Zitronensaft, 1 El Wasser

Das Mehl mit der kleingeschnittenen Butter verbröseln. Den Zucker, die Eigelbe, das Salz und die abgeriebene Zitronenschale dazugeben. Alles rasch zu einem Mürbteig verkneten; 20 Min. zugedeckt kühl ruhen lassen. – Den Teig 2 mm dick ausrollen. Runde oder gezackte Plätzchen in drei Größen (von 1½ bis etwa 3½ cm) ausstechen und bei 180° etwa 10 Min. hell backen. – Nach dem Abkühlen je drei Plätzchen pyramidenartig übereinandersetzen und dabei mit erwärmtem Johannisbeergelee »festkleben«. Die Pyramiden je nach Geschmack mit Puderzucker bestreuen oder mit Zitronenguß glasieren. *Zitronenguß:* Den Puderzucker mit Zitronensaft und Wasser zu einer dicken Masse verrühren.

Quarkmonde

150 g Mehl, 150 g Butter, 150 g Quark, 150 g Zucker, 1 Päckchen Vanillezucker, 1 Prise Salz
1 Ei, ½ Tl Honig, 1 Tl Wasser

Das Mehl mit der Butter verbröseln und mit sämtlichen anderen Zutaten einen glatten Teig kneten; ½ Stunde kühl stellen, nochmals durchkneten und für noch eine weitere Stunde im Kühlschrank ruhen lassen. – Den Teig 3–4 mm dick ausrollen. Monde ausstechen und auf ein Backblech setzen. – Das Ei mit Honig und Wasser verquirlen und die Monde damit bestreichen. Bei 200° goldbraun backen.

Rosinenscheiben

120 g Mehl, 120 g Butter, 120 g Zucker, 1 Prise Salz, 1 Ei, 1 El Rum, 120 g Rosinen – 40 g Haselnüsse gehackt

Das Mehl mit der Butter verbröseln. Zucker, Salz, Ei, Rum und Rosinen dazugeben. – Eine etwa 2¹/₂ cm dicke Rolle formen und in den gehackten Haselnüssen wälzen. Die Rolle 2–3 Stunden zugedeckt in den Kühlschrank stellen, dann in ¹/₂ cm dicke Scheiben schneiden. Bei 150° hellbraun backen (15–20 Min.).

Safranbrötchen

200 g Mehl, 120 g Butter, 80 g Mandeln geschält und gerieben, 1 Ei, 2 Eiweiße, 40 g Zucker, 1 Prise Salz, 1 MSp Safran, 1 El Cognac
2 Eigelbe, 100 g Puderzucker, ¹/₂ MSp Safran

Butter und Mehl miteinander verbröseln. Die Mandeln, den Zucker, die Gewürze, Ei und Eiweiße zugeben. Alles rasch zu einem Knetteig verarbeiten. – Etwa 2 cm dicke Rolle formen und flachdrücken. Mindestens 1 Stunde in den Kühlschrank stellen. Von der erstarrten Stange etwa 1¹/₂ cm große Brötchen abschneiden. Bei 150° goldbraun backen (15–20 Min.). – Die fertig gebackenen Brötchen mit Safranglasur bestreichen; gut trocknen lassen.
Safranglasur: Die Eigelbe schaumig rühren und mit Puderzucker und Safran vermischen.

Sahnekringel

250 g Mehl, 40 g Butter, ¹/₁₆ l Sahne, 1 Ei, 4 g Hirschhornsalz, 1 Tl Rum, 1 MSp Zimt, 1 Prise Salz
1 Ei, ¹/₂ Tl Rum

Das Mehl mit der Butter verbröseln und mit der Sahne mischen. Das Ei, das im Rum gelöste Hirschhornsalz und die Gewürze dazugeben. Einen glatten Teig kneten und ¹/₂ Stunde ruhen lassen. – Dünne Rollen formen (4–5 mm) und in etwa 8 cm lange Stücke schneiden. In Form von Ringen auf ein gefettetes Backblech legen. Mit dem Ei, das mit etwas Rum verquirlt wurde, bestreichen. Bei 140° goldgelb backen (10–20 Min.).

Schokoladebrezeln

225 g Mehl, 15 g Kakao, 1 Prise Salz, 150 g Butter, 75 g Zucker, 1 Eigelb
150 g Schokolade, 30 g Kokosfett

Mehl, Kakao und Salz mischen und mit der kleingeschnittenen Butter verbröseln. Zucker und Eigelb dazugeben. Möglichst rasch zu einem glatten Teig verkneten und diesen etwa ½ Stunde kühl ruhen lassen. – Schwach bleistiftstarke Rollen formen und in etwa 12 cm lange Stücke schneiden. Die einzelnen Stücke zu Brezeln formen, auf ein schwach gefettetes Backblech setzen und in einem auf 180° vorgeheizten Backrohr hell backen. – Die Brezeln noch warm in Schokoladeguß tauchen, auf ein Gitter legen und abtropfen lassen.
Schokoladeguß: Schokolade und Kokosfett zusammen im Wasserbad schmelzen lassen.

Schwarz-Weiß-Bäckerei

375 g Mehl, 250 g Butter, 125 g Puderzucker, 1 Paket Vanillezucker, die abgeriebene Schale von 1 Zitrone, 1 Prise Salz – 1–2 El Kakao

Das Mehl und die Butter miteinander verbröseln. Zucker, Vanillezucker, die abgeriebene Zitronenschale und Salz dazugeben und alles zusammen zu einem Mürbteig verkneten. – Den Teig halbieren und die eine Hälfte mit Kakao verkneten, bis der Teig gleichmäßig dunkel geworden ist. Die beiden Teige etwa 15–20 Min. kühl ruhen lassen, dann nach einer der folgenden Arten weiterverarbeiten:

● *Schachbrett:* Aus einem Teil des hellen Teiges eine dünne rechteckige Platte ausrollen. Je ein Stück hellen und dunklen Teig zu einer 5–6 mm dicken, gleich langen Platte ausrollen und in ebenfalls 5–6 mm dicke Streifen schneiden. Diese Streifen schachbrettartig auf die dünne Teigplatte legen und dabei mit Wasser bepinseln, so daß die einzelnen Teigstücke gut aneinanderkleben. Zuletzt die dünne Teigplatte von allen Seiten über das Schachbrett schlagen.

● *Schnecken:* Aus hellem und dunklem Teig gleichmäßige, lange und schmale, 2–3 mm dicke Platten ausrollen. Die eine Platte mit Wasser bepinseln, die andere darüberlegen und leicht festdrücken. Die Oberseite der so erhaltenen Platte wieder mit Wasser bepinseln und dann fest einrollen.

- *Pfauenaugen:* Aus einem Stück hellem (bzw. dunklem) Teig eine 3–4 mm dicke, schmale Platte ausrollen; aus dem anderen (dunklen, bzw. hellen) Teig eine fingerdicke Rolle formen und auf die mit Wasser bepinselte Teigplatte legen und einrollen.
- *Kleeblätter:* Je zwei gleich große dunkle und helle Teigstücke zu schwach bleistiftstarken Rollen formen und zu Spiralen drehen.
- *Marmorkeks:* Dunklen und hellen Teig in beliebigem Mengenverhältnis (eignet sich besonders gut zur Verarbeitung der »Teigreste«) ganz leicht zusammenkneten und zu einer etwa 3 cm dicken Rolle formen. Jede der so erhaltenen Stangen für 1–2 Stunden in den Kühlschrank stellen, dann in 2–3 mm dicke Scheiben schneiden und bei 180° 10 bis 15 Min. hell backen.

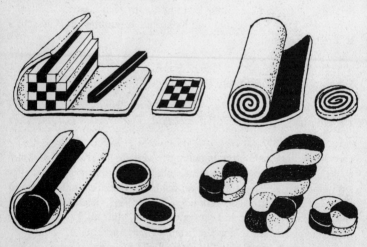

Schwarz-Weiß-Bäckerei: Schachbrett, Schnecke, Pfauenauge, Kleeblatt

Spitzbuben

125 g Butter, 100 g Zucker, 1 Päckchen Vanillezucker, 1 Prise Salz, 1 Ei, 1 El Rum, 60 g Mandeln geschält und gerieben, 250 g Mehl
Johannisbeermarmelade – Puderzucker

Butter, Zucker, Vanillezucker und Salz und Ei miteinander dickschaumig rühren. Den Rum und die vorbereiteten Mandeln dazugeben. Das Mehl darübersieben und einarbeiten. Einen glatten Teig kneten und diesen etwa 1 Stunde zugedeckt kühl ruhen lassen. – Den Teig etwa 4 mm dick ausrollen und 4–5 cm große Scheiben ausstechen. Aus der Hälfte dieser Plätzchen mit einer Lochtülle je drei kleine Löcher ausstechen. Beide Sorten Plätzchen auf schwach gefettetem Blech hellbraun backen (etwa 10 Min. bei 180°). – Die gelochten Plätzchen sofort (sie müssen noch heiß sein) dick mit Puderzucker bestreuen. – Nach dem Abkühlen die ganzen Plätzchen mit Johannisbeermarmelade bestreichen und die gelochten Plätzchen aufsetzen.

Vanillekipferl

210 g Mehl, 180 g Butter, 50 g Puderzucker, 70 g Mandeln geschält und gerieben, 2 Eigelbe
60 g Puderzucker, 3 Päckchen Vanillezucker

Das Mehl mit der kleingeschnittenen Butter verbröseln. Zucker, Mandeln und Eigelbe dazugeben und alles rasch zu einem mürben Teig verarbeiten; ½ Stunde kühl stellen. – Daumendicke Rollen formen und diese in 1 cm breite Stücke schneiden. Jedes dieser Stücke zu einer 4–5 cm langen Stange ausrollen und dann zu einem Hörnchen (= Kipferl) formen. Bei 180° ganz hell backen (10–20 Min.). – Den Puderzucker mit dem Vanillezucker mischen und die fertig gebackenen Kipferl noch heiß in dieser Mischung wenden (Abb. S. 52).

Wirtschaftskipferl

350 g Mehl, 250 g Butter, 100 g Zucker, die abgeriebene Schale von 1 Zitrone, 1 Prise Salz, 2 Eigelbe
1 Ei, 100 g Mandeln gehackt, 50 g Zucker – Johannisbeergelee

Das Mehl mit der Butter verbröseln, mit dem Zucker und den Gewürzen mischen und zuletzt die Eigelbe dazugeben. Einen glatten Teig kneten und ½ Stunde ruhen lassen. Eine daumendicke Rolle formen und etwa nußgroße Stückchen abschneiden. Aus jedem Stückchen eine kegelförmige Rolle formen, in die mit Zucker gemischten Mandeln drücken und dann in Form eines Kipferls auf ein gefettetes, bemehltes Backblech legen. Bei 160° hellbraun backen (etwa 15 Min.) – Die überkühlten Kipferl mit erwärmtem Johannisbeergelee zusammensetzen.

Weihnachtssterne mit Pistazien

200 g Mehl, 175 g Butter, 50 g Puderzucker, 1 Paket Vanillezukker, 50 g Pistazien gerieben, die abgeriebene Schale von ¹/₂ Zitrone, 1 El Zitronensaft, 1 Prise Salz
200 g Puderzucker, 3 El Zitronensaft – 1–2 El gehackte Pistazien

Das Mehl mit der Butter verbröseln. Zucker, Vanillezucker, Pistazien und die restlichen Gewürze dazugeben. Möglichst rasch einen mürben Teig kneten und diesen etwa ¹/₂ Stunde kühl rasten lassen. – Den Teig dann 2–3 mm dick ausrollen. Sterne ausstechen, bei 180° hell backen (7–10 Min.). – Die Sterne mit Zitronenglasur bestreichen und mit gehackten Pistazien bestreuen.
Zitronenglasur: Puderzucker und Zitronensaft so lange miteinander rühren, bis die Masse gleichmäßig dick geworden ist.

Zimtkarten

250 g Mehl, 150 g Butter, 100 g Zucker, 2 Eigelbe, 1 gehäufter Tl Zimt, 1 Prise Nelkenpulver, 1 Prise Salz, die abgeriebene Schale von 1 Zitrone – 2 Eiweiße, 50 g Mandeln geschält und halbiert

Das Mehl mit der Butter verbröseln. Zucker, Eigelbe und die Gewürze dazugeben und rasch einen glatten Teig kneten; 20 Min. zugedeckt rasten lassen. – Den Teig dann 2 mm dick ausrollen und mit einem Teigrädchen in etwa 2 cm breite, 4 cm lange Rechtecke schneiden; auf ein leicht gefettetes Backblech setzen. – Die Eiweiße steif schlagen und die Karten damit bestreichen. Zuletzt mit halbierten Mandeln belegen. Bei 150° hell backen (5–10 Min.).

Zuckerbrezeln

210 g Mehl, 140 g Butter, 70 g Zucker, 1 Prise Salz, 1 Eigelb, die abgeriebene Schale von 1 Zitrone – 1 Eiweiß, Hagelzucker

Das Mehl mit der Butter verbröseln. Zucker, Salz, Eigelb und abgeriebene Zitronenschale dazugeben. Einen Mürbteig kneten; ¹/₂ Stunde rasten lassen. – Bleistiftstarke Rollen formen und in etwa 12 cm lange Stücke schneiden. Aus jedem Stück eine Brezel formen. An der Oberseite mit Eiweiß (vorher leicht schlagen) bestreichen und in Hagelzucker tauchen. Bei 140° hellbraun backen (etwa 15 Min.).

   Kokoshäufchen (S. 111)

Vielseitiges Eiweißgebäck

Zartes Backwerk aus Eiweiß und Zucker mit Mandeln, Nüssen ...
gehört zu den Schätzen der Weihnachtsbäckerei. Gleichgültig, ob Sie
einfache Windbäckerei, zart schmelzende Makronen oder lustig geformtes Eiweißgebäck zubereiten, der Erfolg wird Ihnen immer sicher
sein. Eiweißgebäck schmeckt aber nicht nur köstlich, es ist auch
blitzschnell zubereitet, und – es bietet uns eine ideale Gelegenheit,
alle »angesammelten« Eiweißreste zu verbrauchen.

Das einfachste Eiweißgebäck ist die *Windbäckerei (Spanischer Wind,
Baiser)*. Windmasse ist ein lockerer Schaum, der nur aus Eiweiß und
Zucker besteht, er wird höchstens durch einige Geschmackszutaten
oder Farbstoffe verfeinert. Durch verschiedene Formen und Farben
gibt es aber auch hier zahlreiche Möglichkeiten, verschiedenes Gebäck herzustellen. – Windbäckerei wird immer auf Pergamentpapier
oder besser auf Backtrennpapier gespritzt und mehr getrocknet als
gebacken. Ziehen Sie nach dem Backen das ganze Papier (mit dem
Gebäck) auf ein feuchtes Tuch, die Windbäckerei läßt sich auf diese
Weise leicht ablösen. Sie muß dann bis zum Gebrauch luftig und
trocken aufbewahrt werden.

Das bekannteste Eiweißgebäck sind wohl die *Makronen,* runde Plätzchen, die aus steif geschlagenem Eiweiß, Zucker und Mandeln (letz-
tere bei den klassischen Rezepten zu gleichen Teilen) bestehen. Natürlich können die Mandeln auch durch Nüsse, Haselnüsse ... ersetzt werden. Dadurch und durch die Beigabe verschiedener Gewürze
und Verfeinerer erhält man eine große lustige Familie zarter Gebäckstücke, die sich wohl äußerlich ähneln, geschmacklich aber ganz verschieden sind. – Eines aber haben alle diese Plätzchen gemeinsam: Sie
dürfen bei geringer Temperatur nur so lange »backen«, daß sie innen
noch feucht sind. Ob Sie die Makronen dabei – wie in den meisten
Rezepten beschrieben – auf kleine runde Backoblaten setzen oder ob
Sie zum Backen Backtrennpapier benützen, ist gleichgültig und bleibt
Ihnen überlassen. Wichtig ist nur, daß die Makronen sofort nach
dem Auskühlen in gut schließbare Blechdosen geschichtet werden,
um ein Austrocknen (und damit Hartwerden) dieses empfindlichen
Gebäcks zu vermeiden.

Geformtes Eiweißgebäck ähnelt in seiner Zusammensetzung den Makronen, d. h. es handelt sich auch hier um ein Eiweiß-Zucker-Man-

*Marzipankartoffeln (S. 122), Nußdatteln (S. 130),
Schneebällchen (S. 131), Teekonfekt (S. 123)*

del-(Nuß-. . .)Mischung mit mehr oder weniger reichlichen Geschmackszutaten. Allerdings wird die Masse dann meist (schon aus Gründen der Formbarkeit) etwas fester gehalten. – Wie die Makronen darf auch geformtes Eiweißgebäck nicht zu stark gebacken werden, es würde sonst steinhart werden! – Lagern Sie die fertigen Gebäckstücke in gut verschlossenen Blechdosen und geben Sie wenn nötig noch ein Stückchen Brot oder einige Kartoffel- (Apfel-)scheiben dazu.

Rund um den Spanischen Wind

Baisers

3 Eiweiße, 180 g Kristallzucker, 1 Päckchen Vanillezucker

Die Eiweiße steif schlagen. Etwa 100 g Zucker löffelweise darunterschlagen, bis der Schnee glänzend und schnittfest ist. Den restlichen Zucker und den Vanillezucker vorsichtig einrühren. Die Masse in einen Spritzsack mit mittlerer bis großer Sterntülle füllen, runde Krapferl auf ein mit Backtrennpapier belegtes Backblech spritzen und mit Kristallzucker bestreuen. Bei schwacher Hitze (100°) etwa 10 Min. backen und noch ½ Stunde bei etwa 60° nachtrocknen lassen.

Christbaumringe

6 Eiweiße, 360 g Kristallzucker – 1 Päckchen Vanillezucker, 1 El Kakao, 1 El konzentrierter Himbeersirup – Liebesperlen

Die Eiweiße steif schlagen. Etwa 250 g Zucker löffelweise unterschlagen, bis der Schnee steif und schnittfest geworden ist, den restlichen Zucker vorsichtig einrühren. – Die Masse in drei Teile teilen; einen Teil mit dem Vanillezucker, den zweiten Teil mit dem Kakao und den dritten Teil mit Himbeersirup würzen. – Jede Masse in einen Spritzbeutel mit mittlerer Sterntülle füllen. Auf ein mit Backtrennpapier belegtes Blech Ringe mit einem Durchmesser von 3–4 cm spritzen. Die weißen und die rosa Ringe eventuell noch mit Liebesperlen bestreuen. Die Christbaumringe 10 Min. bei 100° backen und noch weitere 30 Min. bei 60° nachtrocknen lassen.

Negerküsse

*2 Eiweiße, 120 g Kristallzucker, 1 Päckchen Vanillezucker,
1 Prise Ingwerpulver – 100 g Kuvertüre, 30 g Kokosfett*

Die Eiweiße steif schlagen. ²/₃ der Zuckermenge löffelweise zugeben
und weiterschlagen, bis der Schnee glänzend und schnittfest ist. Den
restlichen Schnee und die Gewürze vorsichtig einrühren. – Die Masse
in einen Spritzsack mit kleiner glatter Lochtülle füllen. Auf ein mit
Backtrennpapier belegtes Blech kleine Tupfen spritzen und 5 Min.
bei 100° backen, noch ½ Stunde bei 60° trocknen lassen. – Die Kuvertüre mit Kokosfett schmelzen, das Gebäck damit überziehen.

Schokoladeschäumchen

*3 Eiweiße, 120 g Kristallzucker, 80 g Puderzucker, 80 g Schoko-
lade, gerieben, 1 Päckchen Vanillezucker, 1 Prise Koriander*

Die Eiweiße steif schlagen; den Kristallzucker löffelweise dazuschlagen, bis der Schnee glänzend und schnittfest geworden ist. Den Puderzucker, die Schokolade und die Gewürze vorsichtig unterziehen.
– Die Masse in einen Dressiersack mit größerer glatter Lochtülle füllen und auf ein mit Backtrennpapier belegtes Blech etwa 2 cm große
Tupfen setzen. 10 Min. bei 100° überbacken und noch weitere
30 Min. bei etwa 60° nachtrocknen lassen.

Windstangerl

*3 Eiweiße, 1 Tl Zitronensaft, 120 g Kristallzucker, 60 g Puder-
zucker, 1 Päckchen Vanillezucker
30 g Haselnüsse gehackt – 50 g Kuvertüre*

Die Eiweiße mit dem Zitronensaft und dem löffelweise zugegebenen
Kristallzucker schnittfest und glänzend schlagen. Puderzucker und
Vanillezucker vorsichtig einziehen. – Die Masse in einen Spritzsack
mit mittlerer Lochtülle füllen und 4–5 cm lange Stängchen auf ein
mit Backtrennpapier belegtes Blech spritzen. Mit den gehackten Haselnüssen bestreuen. Die Stängchen 5–10 Min. in einem auf 100° erhitzten Backrohr vorbacken und weitere 30–40 Min. bei etwa 60°
nachtrocknen lassen. – Vom Papier lösen und (je nach Belieben) zur
Hälfte oder mit beiden Enden in geschmolzene Kuvertüre tauchen.

Die lustige Makronen-Familie

Afrikaner

3 Eiweiße, 210 g Zucker, 1 Päckchen Vanillezucker, 3 Tropfen Bittermandelaroma, 50 g Schokolade gerieben, 160 g Kokosraspeln – kleine runde Oblaten

Die Eiweiße zunächst allein, dann mit dem löffelweise zugegebenen Zucker schnittfest schlagen. Vanillezucker, Bittermandelaroma, die geriebene Schokolade und die Kokosraspeln vorsichtig unterheben. Mit zwei Teelöffeln kleine Häufchen auf die Backoblaten setzen. Bei 130° leicht backen (25–30 Min.).

Dattelmakronen

2 Eiweiße, 100 g Zucker, ¹/₂ Zitrone (Saft und abgeriebene Schale), 100 g entkernte Datteln gehackt, 50 g Haselnüsse gehackt 30 g Kuvertüre

Die Eiweiße zunächst allein und dann mit dem löffelweise zugegebenen Zucker sehr steif schlagen. Den Saft und die abgeriebene Schale der ¹/₂ Zitrone dazuschlagen. Die Datteln und die Haselnüsse unterheben. Mit zwei Teelöffeln kleine längliche Häufchen (sie sollen etwa Dattelform haben) auf ein mit gefettetem Pergamentpapier oder besser mit Backtrennpapier ausgelegtes Backblech spritzen. Die Dattelmakronen bei 130° etwa 20–30 Min. überbacken. – Das Gebäck nach dem Abkühlen mit im Wasserbad geschmolzener Kuvertüre verzieren.

Engländer

3 Eiweiße, 140 g Zucker, 140 g Mandeln geschält und gestiftet – kleine runde Oblaten

Die Eiweiße steif schlagen. Den Zucker und die gestiftelten Mandeln dazumischen und das Ganze so lange im Wasserbad (oder bei geringer Hitze am Herd) rühren, bis eine dicke Masse entstanden ist. Kleine Häufchen auf runde Oblaten setzen. Die Engländer bei 120° mehr trocknen als backen (25–30 Min.).

Feigenmakronen

*3 Eiweiße, 125 g Zucker, die abgeriebene Schale von 1 Zitrone,
210 g Feigen gehackt, 210 g Mandeln gehackt – kleine runde
Oblaten*

Die Eiweiße zunächst allein und dann mit dem löffelweise zugegebenen Zucker sehr steif schlagen. Zitronenschale, Feigen und Mandeln vorsichtig unterziehen. – Mit Hilfe von zwei Teelöffeln kleine Häufchen auf Oblaten setzen. Bei 160° so backen, daß die Makronen innen noch weich sind.

Hägemakrönle

*3 Eiweiße, 1 El Zitronensaft, 250 g Zucker, 1 Prise Ingwer,
1 Prise Koriander, 2 El Hagebuttenmarmelade (passiert!), 240 g
Mandeln geschält und gerieben
kleine runde Oblaten*

Die Eiweiße mit dem Zitronensaft, dem löffelweise zugegebenen Zucker und den Gewürzen schnittfest schlagen. Zwei Eßlöffel dieser Masse auf die Seite geben. Die Hagebuttenmarmelade und die Mandeln unter die restliche Masse geben. Mit zwei Teelöffeln Häufchen auf Backoblaten setzen. Mit Hilfe eines Kochlöffelstiels eine Vertiefung in die Mitte drücken und kleine Tupfen der zurückbehaltenen Schneemasse hineingeben. Die Makrönle bei 140° hell backen (etwa 20 Min.).

Hansenküsse

*3 Eiweiße, 210 g Zucker, 200 g Mandeln geschält und gerieben,
2 El Rum, 1 Prise Kardamom, 20 g Stärkemehl – kleine runde
Oblaten
2 El Mandeln gehackt, Hagelzucker*

Die Eiweiße leicht schlagen und mit dem Zucker, den Mandeln, den Gewürzen und dem Stärkemehl bei schwacher Hitze zu einer geschmeidigen Masse verarbeiten. Mit zwei Teelöffeln Häufchen auf kleine runde Oblaten setzen und diese mit den gehackten Mandeln und Hagelzucker bestreuen. Bei 120° 20 Min. backen; die Küsse sollen innen noch leicht feucht sein.

Haselnußmakronen

210 g Haselnüsse, 3 Eiweiße, 210 g Kristallzucker

Die Haselnüsse im Rohr so lange rösten, bis sich die Schale abreiben läßt, dann kleinreiben. Die Eiweiße steif schlagen. Den Zucker löffelweise dazugeben und immer weiterschlagen. Zuletzt die vorbereiteten Haselnüsse unterheben. Mit 2 Teelöffeln kleine Häufchen auf ein sehr gut gefettetes Backblech (noch besser auf kleine Oblaten) setzen. Die Haselnußmakronen in einen vorgeheizten Backofen geben und bei 120° ganz hell backen (20–30 Min.).

Gewürzmakronen

210 g Mandeln, 1 El Zucker, 3 Eiweiße, 200 g Zucker, 1 Päckchen Vanillezucker, ½ Tl Zimt, ½ Tl Piment, ¼ Tl Kardamom, 1 Prise Muskat
kleine runde Oblaten

Die Mandeln ungeschält reiben, mit 1 El Zucker mischen und hell rösten. – Die Eiweiße steif schlagen, ¾ der Zuckermenge und die Gewürze löffelweise dazugeben und schnittfest schlagen. Den restlichen Zucker und die gerösteten Mandeln vorsichtig unterheben. Nußgroße Häufchen auf kleine Oblaten setzen. Die Makronen in den vorgeheizten Backofen schieben und dann bei 130° ganz leicht backen.

Kaffeemakronen

3 Eiweiße, ½ Tl Zitronensaft, 230 g Zucker, 180 g Mandeln geschält und gerieben, 50 g Haselnüsse gerieben, 3 El Pulverkaffee, 1 El Kirschwasser – kleine runde Oblaten
Schokoladekaffeebohnen

Die Eiweiße mit dem Zitronensaft steif schlagen. Den Zucker löffelweise dazuschlagen, bis der Schnee glänzend und schnittfest ist. Mandeln, Haselnüsse und den im Kirschwasser verrührten Pulverkaffee unter den Schnee heben. Mit zwei Teelöffeln kleine Häufchen auf die Oblaten setzen. In die Mitte jedes Häufchens eine Schokoladekaffeebohne setzen. Die Makronen bei 130° leicht backen (etwa 25 Min.).

Kokoshäufchen

*3 Eiweiße, 150 g Zucker, die abgeriebene Schale von ¹/₂ Zitrone,
1 MSp Zimt, 200 g Kokosraspeln
kleine runde Oblaten*

Die Eiweiße steif schlagen, den Zucker nach und nach dazugeben
und nochmals steif schlagen. Mit der abgeriebenen Zitronenschale
und dem Zimt würzen. Die Kokosraspeln darunterziehen. Die Masse
unter ständigem Rühren im Wasserbad erhitzen, bis sie anfängt zu
bräunen. Nach kurzem Überkühlen mit zwei Teelöffeln Häufchen
auf runde Oblaten setzen. Die Kokoshäufchen dann in einen vorgeheizten Backofen schieben und bei 150° etwa 20 Min. hell backen
(Abb. S. 103).

Kokosmakronen

*3 Eiweiße, 210 g Kristallzucker, 1 Paket Vanillezucker, 210 g Ko-
kosraspeln*

Die Eiweiße steif schlagen. Den Zucker löffelweise dazugeben und
nochmals steif schlagen. Vanillezucker und Kokosraspeln vorsichtig
einrühren. Mit zwei Teelöffeln kleine Häufchen auf ein gut gefettetes
bemehltes Blech (noch besser auf kleine runde Oblaten) geben. Die
Kokosmakronen in einem auf 120° erhitzten Backrohr etwa 25 Min.
hell backen.

Marmorberge

*4 Eiweiße, 200 g Zucker, 2 El Zitronensaft, die abgeriebene
Schale von 1 Zitrone, 100 g Schokoladestreusel (dunkel), 200 g
Mandeln, geschält und gerieben – kleine runde Backoblaten, Pi-
nienkerne*

Die Eiweiße mit einigen Tropfen Zitronensaft steif schlagen. Den
Zucker löffelweise dazuschlagen. Den restlichen Zitronensaft, Zitronenschale, Schokoladestreusel und Mandeln vorsichtig unterheben
(nicht verrühren!). Mit zwei Teelöffeln kleine Berge auf die Oblaten
setzen. In die Mitte jedes Berges 1–3 Pinienkerne stecken. Die Mar-
morberge in einem auf 150° vorgeheizten Backofen ganz leicht bakken (etwa 30 Min.).

Mandelmakronen

3 Eiweiße, 210 g Kristallzucker, 210 g geschälte, geriebene Mandeln

Die Eiweiße zunächst allein, dann mit dem löffelweise zugegebenen Zucker steif schlagen. Die Mandeln vorsichtig daruntermischen. Mit Hilfe von zwei Teelöffeln kleine Häufchen auf runde Oblaten setzen. Die Makronen bei 120° (20–30 Min.) ganz hell backen (Abb. S. 86 unten hinten).

Nußmakronen

210 g Walnüsse, 3 Eiweiße, 210 g Kristallzucker, die abgeriebene Schale von 1 Zitrone

Die Walnüsse fein hacken. Die Eiweiße steif schlagen. Etwa ²/₃ der Zuckermenge löffelweise dazugeben und dabei immer weiterschlagen. Den restlichen Zucker zusammen mit den vorbereiteten Nüssen einrühren. Mit zwei Teelöffeln kleine Häufchen auf runde Backoblaten oder ein sehr gut gefettetes Backblech setzen. Die Nußmakronen in einem auf 120° vorgeheizten Backrohr 20–30 Min. hell backen.

Orangenberge

3 Eiweiße, 210 g Zucker, 1 El abgeriebene Orangenschale, 2 El Orangensaft, 180 g Mandeln geschält und gerieben, 60 g Semmelbrösel
kleine runde Oblaten
Orangeat

Die Eiweiße zusammen mit dem Zucker und der abgeriebenen Orangenschale so lange über Dampf (die Rührschüssel auf einen Topf mit kochendem Wasser setzen) schlagen, bis eine feste Masse entstanden ist. Den Orangensaft dazugeben und weiterschlagen, der Schnee muß schnittfest sein. Die Mandeln und die Semmelbrösel vorsichtig unterheben. Mit zwei Teelöffeln kleine Häufchen auf Backoblaten setzen; auf die Mitte jedes Häufchens ein kleines Stückchen Orangeat geben. Die Orangenberge im vorgeheizten Backofen bei 130° ganz hell backen (25–30 Min.).

Schokolademakronen

3 Eiweiße, 180 g Kristallzucker, 1 Paket Vanillezucker, 180 g Mandeln, geschält und gerieben, 150 g Schokolade gerieben – kleine runde Oblaten
etwa 100 g Kuvertüre

Die Eiweiße steif schlagen. $^2/_3$ der Zuckermenge löffelweise dazugeben und immer weiterschlagen. Den restlichen Zucker und den Vanillezucker unterheben. Die vorbereiteten Mandeln, die geriebene Schokolade dazumischen. Mit zwei Teelöffeln kleine Häufchen auf runde Oblaten setzen. Die Makronen bei 130° so backen, daß sie innen noch weich sind (etwa 20 Min.). Die Kuvertüre im Wasserbad schmelzen und die überkühlten Makronen damit verzieren: entweder zur Hälfte eintauchen oder kreuz und quer Striche anbringen.

Tuttifrutti-Makronen

4 Eiweiße, 250 g Puderzucker, $^1/_2$ Stange Vanille, 250 g Feigen, würfelig geschnitten, 250 g Mandeln, geschält und gehackt, 200 g Rosinen, 100 g Korinthen – kleine runde Oblaten

Die Eiweiße steif schlagen. Den Zucker löffelweise darunterschlagen. Das ausgeschabte Mark der Vanilleschote dazugeben. Die Feigen, die Mandeln, die Rosinen und die Korinthen vorsichtig unterheben. – Mit zwei Teelöffeln kleine Häufchen auf Oblaten setzen. Bei 150° so backen (etwa 20 Min.), daß die Makronen ganz hell bleiben (Abb. S. 85 rechts).

Wespennester

250 g Mandeln, 1 El Zucker – 4 Eiweiße, 240 g Zucker, 1 Päckchen Vanillezucker, 1 Prise Zimt, 100 g Schokolade gerieben – kleine runde Oblaten

Die Mandeln schälen, in dünne Stifte schneiden und mit dem Zucker anrösten. – Die Eiweiße steif schlagen. Den Zucker löffelweise darunterschlagen. Vanillezucker, Zimt und Schokolade dazumischen. Zuletzt die abgekühlten Mandeln unterheben. Mit zwei Teelöffeln kleine Häufchen auf die Oblaten setzen. Die Wespennester bei 150° gerade so lange backen, daß sie innen noch weich sind (10–15 Min.).

Witwenküsse

4 Eiweiße, 250 g Zucker, 1 Päckchen Vanillezucker, 1 MSp Ing-wer, 200 g Walnüsse gerieben, 50 g Walnüsse gehackt, 50 g Orangeat fein geschnitten, kleine runde Oblaten, Walnußhälften

Die Eiweiße steif schlagen. Den Zucker löffelweise dazugeben und immer weiterschlagen. Die geriebenen und die gehackten Walnüsse sowie das Orangeat vorsichtig unter den Schnee heben. Die Masse mit zwei Teelöffeln auf runde Oblaten verteilen und mit je einer Nußhälfte garnieren. Bei 130° so backen, daß die Witwenküsse innen noch etwas weich sind.

Geformtes Eiweißgebäck

Bärentatzen

3 Eiweiße, 250 g Zucker, 125 g Schokolade gerieben, 250 g Mandeln gerieben, abgeriebene Zitronenschale, 1 Tl Zimt

Die Eiweiße steif schlagen. 200 g Zucker löffelweise dazuschlagen. Den restlichen Zucker unterheben. Die Schokolade, die Mandeln und die Gewürze dazugeben. Die Masse gut durchkneten und zu einer etwa 3 cm dicken Stange ausrollen. Daumendicke Stücke abschnei-den und in die gezuckerte Bärentatzenform drücken, dann herauslö-sen (mit der Kante der Form auf ein Brett klopfen), auf ein gefettetes Backblech setzen und über Nacht trocknen lassen. Die Tatzen bei 180° so backen, daß sie innen noch etwas weich sind (15–25 Min.).

Brunsli

2 Eiweiße, 200 g Zucker, 1 MSp Zimt, 200 g Mandeln gerieben, 80 g Schokolade gerieben, 1 El Kirschwasser

Die Eiweiße zu einem lockeren Schnee schlagen. Den Zucker einrüh-ren. Die übrigen Zutaten dazugeben und alles gut verkneten. – Die Masse auf einem mit Zucker bestreuten .Blech 5–6 mm dick ausrol-len und Förmchen ausstechen. Auf einem gut gefetteten, bemehlten Backblech bei 100° ganz leicht überbacken (10–15 Min.).

Haselnußschnittchen

210 g Haselnüsse – 3 Eiweiße, 1 Tl Zitronensaft, 210 g Zucker, die abgeriebene Schale von 1 Zitrone, 1 El Zitronat fein gehackt

Die Haselnüsse im Backrohr leicht anrösten, die Schale abreiben; die Nußkerne dann reiben. – Die Eiweiße mit dem Zitronensaft steif schlagen. Den Zucker löffelweise dazuschlagen, bis der Schnee schnittfest wird. Zitronenschale, Zitronat und die vorbereiteten Haselnüsse unter die Schaummasse ziehen. Den Teig 1 cm dick auf lange, etwa 4 cm breite Oblaten streichen. 2 Stunden trocknen lassen und dann in einem vorgeheizten Backofen bei 130° ganz hell backen (etwa 25 Min.). Die fertigen Streifen noch warm in 1¹/₂–2 cm breite Brötchen schneiden.

Kokosnestchen

4 Eiweiße, 120 g Zucker, 250 g Kokosraspeln, die abgeriebene Schale von 1 Zitrone, 1 Prise Ingwer, 1 Prise Kardamom – kleine runde Oblaten
Orangenkonfitüre oder Johannisbeergelee, 1 El Cognac, 1 Tl kandierter Ingwer fein gehackt

Die Eiweiße leicht schlagen und mit Zucker, Kokosraspeln und den Gewürzen mischen. Die Masse unter ständigem Rühren fast bis zum Kochen erhitzen, abkühlen lassen. – Mit Hilfe eines Spritzsackes mit glatter Lochtülle kleine Ringe auf die vorbereiteten Oblaten spritzen. Bei 150° lichtbraun backen (20–30 Min.). Die Nestchen noch warm mit der vorbereiteten Fruchtcreme füllen.
Fruchtcreme: Orangenkonfitüre (oder Johannisbeergelee) erhitzen und dann mit dem Cognac und den Ingwerstückchen verrühren.

Mandelbögen

2 Eiweiße, 140 g Zucker, 1 Päckchen Vanillezucker, die abgeriebene Schale von 1 Zitrone, 140 g Mandeln geschält und gerieben, 30 g Stärkemehl – rechteckige Oblaten

Die Eiweiße steif schlagen. Zucker, Vanillezucker und Zitronenschale löffelweise dazugeben und so lange weiterschlagen, bis der Schnee schnittfest ist. Die Mandeln und das Stärkemehl unterziehen. – Die

Oblaten in 8 cm breite Streifen schneiden. Die Mandelmasse darauf-streichen (etwa ½ cm dick) und 2 Stunden trocknen lassen. In schmale Stücke schneiden (1–1½ cm) und im vorgeheizten Backofen bei 150° hell backen (etwa 20 Min.). Die Streifen noch warm über eine Flasche biegen.

Ottilienbrötchen

3 Eiweiße, 280 g Zucker, 1 MSp Zimt, 1 MSp Nelkenpulver, 280 g Walnüsse gerieben, 20 g Semmelbrösel, 1 El Rum

Eiweiße und Zucker über Dampf dickschaumig rühren. 3 El der Schaummasse beiseite stellen. Die Gewürze, die Nüsse und die mit Rum befeuchteten Semmelbrösel zur übrigen Masse geben. Einen Teig kneten. Auf einem mit Zucker bestreuten Brett gut daumendick ausrollen. Diese Rollen mit einem Messerrücken in fingerbreiten Abständen einkerben, dann mit der zurückbehaltenen Schaummasse bestreichen. Die Rollen auf ein gut gefettetes Backblech legen und im vorgeheizten Backofen bei 140° so backen, daß der Guß ganz hell bleibt (15–20 Min.). Noch heiß an den Kerbstellen in Brötchen schneiden.

Prinzeßscheiben

2 Eiweiße, 100 g Zucker, 1 Päckchen Vanillezucker, die abgerie-bene Schale von ½ Zitrone, 100 g Haselnüsse fein gehackt 100 g Kuvertüre, 20 g Kokosfett

Die Eiweiße leicht verschlagen, dann mit dem Zucker, dem Vanille-zucker, der Zitronenschale und den Haselnüssen vermengen. Alles zusammen so lange im Wasserbad (oder bei sehr schwacher Hitze) erhitzen, bis eine festere Masse entstanden ist. – Mit zwei Teelöffeln kleine Häufchen auf ein gut gefettetes Backblech setzen und zu ova-len, etwa 2 mm dicken Scheiben auseinanderstreichen. (Wollen Sie schön gleichmäßiges Gebäck haben, können Sie sich dazu eine Scha-blone aus stärkerem Karton anfertigen.) Die Scheiben 5–10 Min. bei 100° backen, sofort vom Blech lösen und auf einer Platte erkalten lassen. – Die Kuvertüre mit dem Kokosfett im Wasserbad schmelzen und die Plätzchen an der glatten Unterseite damit bestreichen. Zu-letzt mit einer Gabel eine wellenförmige Verzierung anbringen.

Pignolikipferl

3 Eiweiße, 210 g Zucker, 1 El Zitronenschale gerieben, 225 g Mandeln geschält und gerieben – Pignolienkerne (= Pinienkerne) – 100 g Zucker, 4 El Wasser

Eiweiße, Zucker und Zitronenschale so lange über Dampf (auf einen Topf mit kochendem Wasser stellen) schlagen, bis eine dicke Masse entstanden ist. Die geriebenen Mandeln dazugeben und noch kurz weiterschlagen. – Nach dem Abkühlen auf einem mit Pignolienkernen bestreuten Backblech gut bleistiftstark ausrollen und in etwa 6 cm lange Stücke schneiden. Jedes Stückchen zu einem Kipferl formen, auf ein gut gefettetes Backblech legen und bei 150° leicht backen (20–30 Min.). Nach dem Auskühlen mit Zuckersirup bestreichen.

Zuckersirup: Zucker und Wasser kochen, bis vom Löffel geschlagene Tropfen Spinnfäden ziehen.

Vanilleröllchen

2 Eiweiße, 120 g Zucker, 2 Päckchen Vanillezucker, die abgeriebene Schale von ¹/₂ Zitrone, 60 g Stärkemehl, 60 g Butter

Die Eiweiße steif schlagen; Zucker und Vanillezucker löffelweise dazuschlagen. Die Zitronenschale dazugeben. Das Mehl unterheben. Zuletzt die geschmolzene, abgekühlte Butter vorsichtig dazumischen. Kleine Häufchen des Teiges mit zwei Teelöffeln auf ein gut gefettetes bemehltes Backblech legen und zu dünnen Flecken auseinanderstreichen. Bei 200° goldgelb backen (etwa 5 Min.). Die Plätzchen rasch vom Blech nehmen und sofort dünn rollen (am besten über einen sauberen Bleistift).

Zedernbrötle

3 Eiweiße, 375 g Zucker, 2 El Zitronensaft, 1 El abgeriebene Zitronenschale, 375 g Mandeln
200 g Puderzucker, 3–4 El Zitronensaft

Die Eiweiße mit einigen Tropfen Zitronensaft steif schlagen; ²/₃ der Zuckermenge löffelweise zugeben und weiterschlagen, bis der Schnee schnittfest und glänzend ist. Den restlichen Zucker, Zitronensaft, Zitronenschale und Mandeln zugeben und gut miteinander verarbeiten. – Den Teig auf gezuckertem Brett 4–5 mm dick ausrollen. Halbmonde ausstechen, auf ein gut gefettetes Backblech legen und bei 150° hell backen (25–35 Min.). – Nach kurzem Überkühlen glasieren. *Zitronenguß:* Puderzucker und Zitronensaft so lange gut verrühren, bis eine dicke Masse entstanden ist.

Zimtstangen

125 g Mandeln, 140 g Zucker, die abgeriebene Schale von 1 Zitrone, 1 Tl Zimt, ¼ Tl Nelkenpulver, 1 Eiweiß
1 Eiweiß, 100 g Puderzucker, 2 El Zitronensaft

Die ungeschälten Mandeln reiben und mit dem Zucker und den Gewürzen mischen. Das Eiweiß dazugeben und alles zusammen zu einer geschmeidigen Masse verkneten. Den Teig auf einem mit Zucker bestreuten Brett ½ cm dick ausrollen und dann in fingerbreite, etwa 6 cm lange Streifen schneiden. Auf ein gefettetes, bemehltes Backblech legen. Bei 110° mehr trocknen als backen (20–25 Min.). Die Stangen sofort auf ein Gitter legen und nach dem Abkühlen mit Zitronenguß überziehen.
Zitronenguß: Das Eiweiß steif schlagen. Nach und nach den Puderzucker und schließlich den Zitronensaft dazugeben.

Zimtsterne

4 Eiweiße, 1 El Zitronensaft, 250 g Kristallzucker, 1 El Zimt, 250 g Mandeln gerieben

Die Eiweiße steif schlagen. Den Zitronensaft einrühren. Den Zucker löffelweise dazugeben und immer weiterschlagen, so daß eine weiße glänzende Masse entsteht. – 4 El dieser Masse als »Guß« zur Seite stellen. – Den Zimt und die Mandeln einrühren und einen möglichst glatten Teig kneten. Diesen Teig portionsweise auf einem mit Zucker bestreuten Brett 5–8 mm dick ausrollen. Kleine Sterne ausstechen, auf ein sehr gut gefettetes Backblech legen und etwa 2 Stunden trocknen lassen. Die Sterne dann mit dem zurückbehaltenen Guß bestreichen (achten Sie darauf, daß nichts über die Ränder läuft). Bei 130° etwa 20 Min. backen; die Sterne sollen weich bleiben, der Guß darf sich nicht verfärben (Abb. S. 86 oben).

Immer wieder: Marzipan

Ob Marzipan von den Persern oder Arabern »erfunden« und dann über Griechenland und Italien nach Deutschland gebracht wurde oder ob es die Lübecker das erstemal zubereiteten, mag dahingestellt bleiben. Tatsache ist, daß Marzipan bereits seit 500 Jahren in Deutschland hergestellt wird.

Heute können wir Marzipan selbst zubereiten (das Rezept geben wir Ihnen im folgenden wieder), wir können es aber auch als Rohmarzipan beim Bäcker, Konditor oder manchmal (vor allem in der Vorweihnachtszeit) auch im Kaufhaus oder Supermarkt kaufen und dann nach einem der folgenden Rezepte weiterverarbeiten. Für alle, die sich entschließen, diese köstliche Schleckerei selbst zuzubereiten, sei gesagt: die dazu benötigten Bittermandeln und das Rosenwasser erhalten Sie in Apotheken oder Drogerien. Achten Sie aber darauf: Rosenwasser ist nicht gleich Rosenwasser. Mit einer schalen, abgestandenen Flüssigkeit, wie sie oft angeboten wird, werden Sie kaum das köstliche Aroma erzielen, das wirklich gutes Marzipan auszeichnet; Rosenwasser muß vielmehr den Duft der Rosen in sich bergen.

Rohmarzipan, gleichgültig, ob gekauft oder selbst zubereitet, ist, gut in Alu-Folie verpackt, lange haltbar und kann bei Bedarf weiterverarbeitet werden. Dabei wird die Masse meist »roh« verwendet, d. h. sie wird nur geformt (eventuell mit Geschmacks- oder Farbsubstanzen versetzt) und lediglich getrocknet oder höchstens kurz überbacken. Marzipan ist aber auch Grundlage anderer Teige, die dann zu Gebäck geformt und wie andere Plätzchen gebacken werden.

Marzipangebäck, gleichgültig, ob getrocknet oder gebacken, soll lageweise in gut schließbaren Blechdosen aufbewahrt werden.

Marzipanrohmasse

500 g Mandeln, davon 20 Stück bittere Mandeln (zur Not Bittermandelaroma), 500 g Puderzucker, 3–4 El Rosenwasser

Die Mandeln schälen und mindestens 1 Tag trocknen lassen; dann sehr fein reiben (je feiner die Mandeln, desto besser die Qualität der Marzipanmasse, treiben Sie sie am besten zweimal durch die Mandelmühle!). Geriebene Mandeln, Zucker und Rosenwasser vermischen und bei schwacher Hitze so lange unter kräftigem Rühren erhitzen, bis sich der entstehende Kloß vom Topf löst. Die Masse aus dem Topf herausnehmen und auf einem mit Zucker bestreuten Brett gut durchkneten, bis sie nicht mehr an den Fingern klebt. Das Marzipan zu einem glatten Kloß formen und bis zum Gebrauch in Alu-Folie verpackt aufbewahren; an einem kühlen Ort hält sich der Marzipankloß wenigstens 4 Wochen. Rohmarzipan kann so verwendet oder noch zusätzlich mit Zucker verknetet werden.

Buntes Allerlei

Marzipanrohmasse, Puderzucker – eventuell Speisefarbe, Kakao, Fruchtsaft . . . – Kuvertüre

Die Marzipanrohmasse auf einem mit Puderzucker bestreuten Brett zu einer daumendicken Rolle formen und in nußgroße Stückchen teilen. Jedes dieser Stückchen nach Belieben formen und mit Konditorfarbe bemalen.

Sie können die Marzipanrohmasse aber auch vor der weiteren Verarbeitung in mehrere Teile teilen und mit Kakao braun, mit Fruchtsirup rosa, mit Speisefarbe verschieden färben und erst dann zu allerlei Figuren formen. Auf diese Weise werden z. B. die allseits bekannten und beliebten Marzipanschweinchen hergestellt.

Noch eine andere Möglichkeit: Rollen Sie die Marzipanrohmasse auf einem mit Puderzucker bestreuten Brett 1/2–1 cm dick aus und stechen Sie verschieden kleine Figuren aus. Nach dem Trocknen können Sie Stücke in geschmolzene Kuvertüre tauchen oder mit einem Pinsel dunkle Tupfen oder Arabesken aus Kuvertüre anbringen.

Großmutters Marzipankonfekt

280 g Zucker, 1/16 l Wasser, 280 g Mandeln
50 g Schokolade gerieben, 2 Päckchen Vanillezucker, 2 El Johannisbeergelee – 1 Eiweiß
150 g Puderzucker, 2 El Rum, 1 El heißes Wasser

Den Zucker mit dem Wasser kochen, bis vom Löffel geschlagene Tropfen Spinnfäden ziehen. Die geschälten, sehr fein geriebenen Mandeln dazugeben und noch so lange weitererhitzen, bis sich die Masse vom Topfboden löst. Diese Marzipanrohmasse in drei Teile teilen. – Einen Teil mit geriebener Schokolade vermengen, den zweiten Teil mit Vanillezucker und den dritten Teil mit Johannisbeergelee verkneten. Jeden dieser Teile zugedeckt etwa 2 Stunden ruhen lassen, dann auf Puderzucker 7–8 mm dicke rechteckige Platten ausrollen (achten Sie darauf, daß die Platten möglichst gleich groß sind). Die dunkle Platte mit Eiweiß bestreichen, die helle Platte darauflegen und ebenfalls mit Eiweiß bestreichen. Ganz zuletzt die rosa Platte darauflegen.

Alles mit einem Brett beschweren und einige Stunden ruhen lassen. Aus Puderzucker, Rum, heißem Wasser und eventuell übriggebliebenem Eiweiß eine dicke Glasur rühren und das zusammengesetzte Marzipan damit bestreichen. Vollkommen trocknen lassen (am besten am nächsten Tag), in etwa 2 cm große Würfel schneiden und in Papierkapseln geben.

Kirschkugeln

400 g Marzipanrohmasse, 100 g Puderzucker, 2–3 El Kirschwasser
Schokoladestreusel, kandierte Kirschen

Die Marzipanrohmasse mit Puderzucker und Kirschwasser verkneten. Etwa nußgroße Kugeln formen und in Schokoladestreusel wälzen. Gut zwischen den Händen rollen, so daß die Streusel fest haften. Zuletzt mit einer halben Kirsche verzieren.
Die Kirschkugeln in Papierkapseln geben und längere Zeit trocknen lassen.

Königsberger Marzipan

500 g Marzipanrohmasse, etwa 1 El Rosenwasser, 1 Eigelb
200 g Puderzucker, 2 El Rum, 1–2 El heißes Wasser – kandierte Früchte

Die Marzipanrohmasse auf einem mit Puderzucker bestreuten Brett ¹/₂ cm dick ausrollen und 5–8 cm große Scheiben oder Herzen ausstechen. Den Rand dieser Figuren mit Rosenwasser befeuchten und einen schmalen Streifen Marzipan aufsetzen. Den Streifen mit einem Messerrücken in schmalen Abständen einkerben und dann mit Eigelb bepinseln. Die Figuren auf ein mit Backtrennpapier ausgelegtes Back-

blech setzen und bei 220° auf oberster Einschubleiste (wenn möglich nur mit Oberhitze oder auch unter dem Grill) so lange überbacken, bis die Ränder leicht braun geworden sind. – Das Innere der getrockneten Figuren dünn mit Punschglasur (oder Zitronenglasur) bestreichen und mit kandierten Früchten belegen (Abb. S. 86 oben).
Glasur: Puderzucker, Rum (Zitronensaft) und Wasser zu einer glatten dicklichen Masse verrühren.

Lübecker Marzipanbrote

500 g Marzipanrohmasse – 100 g Kuvertüre

Aus der Marzipanrohmasse auf einem mit Puderzucker bestreuten Brett daumendicke Rollen formen und in 4–8 cm lange Stücke schneiden. Die Ränder dieser Stücke leicht abrunden, so daß kleine Brote entstehen. Die Hälfte dieser Brote mit drei schrägen Einkerbungen versehen und bei etwa 50° im Backofen trocknen (10 Min.); den Rest mit der im Wasserbad geschmolzenen Kuvertüre überziehen.

Marzipankartoffeln

500 g Marzipanrohmasse, 250 g Puderzucker – Kakao

Marzipanrohmasse und Puderzucker miteinander zu einem glatten Teig verkneten. Eine daumendicke Rolle formen und in etwa 2 cm große Stücke schneiden. Aus jedem dieser Stücke eine kleine Kugel formen und sofort in Kakao wälzen, dann mit einem Messer dreimal einschneiden (Abb. S. 104).

Nußmarzipanstangen

250 g Haselnüsse sehr fein gerieben, 250 g Puderzucker, 2 El Orangenblütenwasser, 1 El Rum (oder Kirschwasser) – 50 g Puderzucker, 100 g Haselnüsse gehackt
50 g Kuvertüre

Die geriebenen Haselnüsse mit dem Puderzucker, dem Orangenblütenwasser und dem Rum vermischen und so lange unter ständigem Rühren erhitzen, bis sich die Masse vom Topfboden löst. – Aus der Masse kleinfingerdicke, etwa 4 cm lange Stangen formen. 1–2 Tage trocknen lassen, dann jede Stange bis zur Hälfte in geschmolzene Kuvertüre tauchen.

Pistazienkugeln

100 g Mandeln geschält, 120 g Pistazien geschält, 250 g Puderzucker, 2 Eiweiße, 1 El Maraschino
1 Eiweiß, 100 g Puderzucker, Pistazien geschält und halbiert

Die Mandeln und die Pistazien, die beide ganz trocken sein müssen, sehr fein reiben. Mit 200 g Puderzucker, den Eiweißen und dem Maraschino mischen. Bei ganz schwacher Hitze so lange unter ständigem Rühren erwärmen, bis ein Kloß entsteht, der sich vom Topf löst. Die Masse abkühlen lassen und dann mit dem restlichen Puderzucker zu einem glatten Teig kneten. – Etwa nußgroße Kugeln formen, im leicht geschlagenen Eiweiß und dann in Puderzucker wälzen. Jede Kugel mit einer Pistazienhälfte garnieren. In Papierkapseln geben und einen Tag bei Zimmertemperatur trocknen lassen.

Teekonfekt

500 g Marzipanrohmasse, 1 Eigelb – 1 Eiweiß

Die Marzipanrohmasse in die Hälfte teilen. Einen Teil 2–3 mm dick ausrollen und in 6–8 mm breite, 6–7 cm lange Streifen schneiden. Diese Streifen an einer Längsseite niederdrücken und dann, die gedrückte Stelle nach oben, zu beliebigen Figuren rollen. Den zweiten Teil zu kirschgroßen Kugeln formen und durch Einkerben oder Wei-

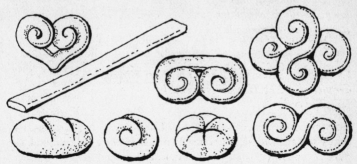

Figuren aus Marzipan geformt

terformen zu allen möglichen Figuren verarbeiten. Das Konfekt auf ein mit Pergamentpapier belegtes Backblech legen, mit Eigelb bepinseln und bei starker Oberhitze (220°) oder noch besser unter dem Grill »überbacken«, bis die Stückchen oben leicht braun geworden sind.
Sofort von allen Seiten mit dem zu leichtem Schnee geschlagenen Eiweiß bepinseln (Abb. S. 104).

Bethmännchen

250 g Mandeln geschält und sehr fein gerieben, 250 g Puderzucker, 1 Eiweiß, 2–3 El Rosenwasser, 1 El Stärkemehl
1 Eiweiß, Mandeln geschält und halbiert

Die Mandeln mit dem Puderzucker, dem zu lockerem Schnee geschlagenen Eiweiß, dem Rosenwasser und dem Stärkemehl sorgfältig verkneten.
Etwa nußgroße Kugeln formen, auf ein gut gefettetes Backblech setzen und mit Eiweiß bestreichen. An jede Kugel 3 halbierte Mandeln so drücken, daß sie mit den Spitzen nach oben zeigen und sich dabei fast berühren. Die Bethmännchen 5–6 Stunden trocknen lassen, dann im vorgeheizten Backofen bei 150° so lange backen, bis sie sich leicht braun färben.

Duchesse-Ringe

250 g Marzipanrohmasse, 3 Eigelbe, 30 g Zucker, 10 g Butter, die abgeriebene Schale von ¹/₂ Zitrone
kleine runde Backoblaten
Johannisbeermarmelade

Die Marzipanrohmasse mit den Eigelben, Zucker, Butter und der Zitronenschale zu einem glatten Teig verarbeiten. Mit einem Spritzbeutel mit großer Sterntülle Ringe auf kleine runde Backoblaten spritzen und diese im vorgeheizten Backofen bei 150° hellbraun backen (20–25 Min.). – In der Zwischenzeit die Johannisbeermarmelade erhitzen.
Die gebackenen Ringe mit den Oblaten vom Blech nehmen und, solange sie noch heiß sind, einen kleinen Teelöffel erhitzter Marmelade in die Mitte geben.

Kleeblätter

130 g Butter, 5 Eigelbe, die abgeriebene Schale von ¹/₂ Zitrone, 1 Prise Salz, 450 g Marzipanrohmasse – kandierte Kirschen

Die Eigelbe mit der Butter und den Gewürzen schaumig rühren. Die Marzipanrohmasse einrühren. – Die Masse in einen Spritzsack mit mittlerer Lochtülle füllen. Auf ein gut gefettetes Backblech jeweils drei Punkte sternförmig nebeneinandersetzen. In die Mitte jeweils eine kandierte Kirsche setzen. Die Kleeblätter bei 160° (15–25 Min.) goldgelb backen (Abb. S. 85 vorne).

Lübecker Leckerbissen

500 g Marzipanrohmasse, 6 Eigelbe, 150 g Puderzucker – kleine runde Oblaten
Mandeln geschält und halbiert, kandierte Kirschen

Die Marzipanrohmasse mit den Eigelben und dem Puderzucker verrühren, bis eine glatte Masse entsteht. Mit einem Spritzbeutel mit großer Sterntülle Häufchen auf kleine runde Oblaten spritzen (zur Not können Sie auch zwei Teelöffel verwenden). Abwechselnd die Oblaten mit halbierten Mandeln oder halbierten kandierten Kirschen belegen. Die Lübecker Leckerbissen im vorgeheizten Backofen bei 150° goldbraun backen (ca. 25 Min.).

Pariser Stangerl

125 g Marzipanrohmasse, 50 g Zucker, 1 Päckchen Vanillezucker, 1 Zitrone (Saft und abgeriebene Schale), 1 Ei, 100 g Butter, 100 g Mehl, 75 g Stärkemehl
Himbeer- oder Johannisbeermarmelade, etwa 100 g Kuvertüre

Marzipanrohmasse, Zucker, Gewürze, Ei und Butter miteinander zu einer gleichmäßigen Masse verrühren. Mehl und Stärkemehl mischen und langsam einarbeiten. Den Teig in einen Spritzbeutel mit großer Sterntülle füllen und 4–5 cm lange Stangen auf ein leicht gefettetes Backblech spritzen. Bei 180° hell backen. – Nach dem Erkalten je zwei Stangen mit Marmelade zusammensetzen und diese Doppelstangen mit den Enden in die im Wasserbad geschmolzene Kuvertüre tauchen.

Vesuve

*500 g Marzipanrohmasse, 4 Eigelbe, 4 El Rum, 1 Prise Karda-
mom, die abgeriebene Schale von 1 Zitrone – kleine runde
Oblaten
120 g Kuvertüre*

Die Marzipanrohmasse mit den Eigelben, dem Rum und den Gewürzen zu einer glatten weichen Masse verrühren (sollte sie zu fest sein,
noch etwas Zitronensaft zusetzen). – Die Masse in einen Spritzbeutel
mit großer Sterntülle füllen. Auf kleine runde Backoblaten spitze
Häufchen setzen und bei 180° goldgelb backen (15–20 Min.). – Inzwischen die Kuvertüre im Wasserbad schmelzen. In die Mitte von
jedem der noch heißen Häufchen einen Mokkalöffel der geschmolzenen Kuvertüre geben, so daß diese von allen Seiten herabrinnen
kann.

Zürcher Marzipanleckerli

*250 g Mandeln geschält, 10 g bittere Mandeln geschält, 250 g
Puderzucker, 1 El Rosenwasser, 1 Ei
200 g Puderzucker, ¹/₂ Eiweiß, 2 El Orangenblütenwasser (oder
1 El Zitronensaft und 1 El Rosenwasser)*

Die Mandeln nach dem Schälen mindestens 1–2 Tage trocknen lassen und erst dann sehr fein mahlen (am besten zweimal durch die
Mandelmühle drehen). – Die Mandeln mit dem Zucker, dem Rosenwasser und dem Eiweiß mischen und in einem Kessel so lange erhitzen, bis sich die Masse vom Topfboden löst. Das Eigelb dazugeben
und gut einarbeiten. – Die Masse auf bezuckertem Brett etwa 1 cm
dick ausrollen. Mit einem mit Zucker gestaubten Leckerli-Model Ab-
drücke einpressen und die entstandenen Täfelchen dann ausschnei-
den (haben Sie kein Leckerli-Model – er gleicht einem Springerle-
Model –, so schneiden Sie die Masse in kleine Rechtecke). Die Lecker-
li auf ein gefettetes, bemehltes Backblech legen und 2 Tage trocknen
lassen.
Dann etwa 15 Min. bei schwacher Hitze (100°) auf der obersten Einschubleiste mehr trocknen als backen. – Die Täfelchen noch warm
mit Glasur bepinseln.
Glasur: Puderzucker, Eiweiß und Orangenblütenwasser innig miteinander verrühren.

Weihnachtliche Konfektmischung

Am Schluß dieses Büchleins wollen wir uns noch einer Sorte von »Weihnachtsbäckerei« zuwenden, die – obwohl nicht gebacken – doch ihren festen Platz unter den weihnachtlichen Schleckereien hat: dem Konfekt.

Hausgemachtes Konfekt schmeckt nicht nur besonders köstlich, es ist auch (wenn wir uns auf einige einfache Sorten beschränken) leicht und schnell hergestellt. Und noch etwas: Weihnachtliches Konfekt, nett verpackt, ist ein apartes persönliches Geschenk.

Konfekt sollte erst kurz vor Gebrauch zubereitet werden. Bewahren Sie es lageweise, durch Pergamentpapier getrennt, in Dosen, Schüsseln, Gläsern . . . an einem möglichst kühlen Ort auf. Besonders günstig: Geben Sie das fertige Konfekt (vor allem weiche, empfindliche Kugeln) in Papierkapseln oder wickeln Sie es in Cellophanpapier.

Basler Konfekt

200 g Mandeln geschält und gerieben, 200 g Puderzucker, 125 g Schokolade gerieben, 3 El Kirschwasser, Wasser – Kristallzucker

Mandeln, Puderzucker und Schokolade sorgfältig miteinander mischen. Das Kirschwasser dazugeben und gut durchkneten. Wenn nötig noch so viel Wasser zugeben, daß die Masse formbar wird. – Kleine Konfektförmchen mit Kristallzucker ausstreuen, die Masse hineindrücken und das Konfekt dann auf ein Brett schlagen. In dem auf etwa 50° erhitzten Backrohr trocknen lassen.

Basler Konfekt mit dazugehörigen Konfektförmchen

Dalmatinische Kugeln

150 g Walnüsse gerieben, 20 g Walnüsse gehackt, 100 g Feigen, 100 g Rosinen, 100 g Zucker, 1 Päckchen Vanillezucker, 1 MSp Zimt, 1 MSp Nelken, 1 Eiweiß, 1 El Rum Schokoladenstreusel, Walnüsse fein gehackt

Die Nüsse mit den kleingeschnittenen Feigen, den grob gehackten Rosinen, dem Zucker und den Gewürzen vermengen. Eiweiß und Rum dazugeben, so daß eine formbare Masse entsteht (sollte die Masse zu trocken sein, noch etwas mehr Rum zugeben). Mit nassen Händen etwa 1½ cm große Kugeln formen. Die eine Hälfte der Kugeln in Schokoladenstreuseln, die andere in fein gehackten Nüssen wälzen.

Haselnußkegel

180 g Haselnüsse – 100 g Butter, 150 g Zucker, 150 g Schokolade gerieben, 1 El Kirschwasser

Die Haselnüsse im Rohr rösten, dann die Häutchen durch Reiben zwischen den Händen (einem Tuch) entfernen und die Nüsse mahlen; 30 g beiseite stellen. – Die Butter mit dem Zucker schaumig rühren. Die geriebene Schokolade, das Kirschwasser und die restlichen 150 g Haselnüsse dazugeben. – Aus der Masse kleine Kugeln formen und in den zurückbehaltenen Haselnüssen wälzen. Die Kugeln so auf ein Brett setzen, daß die Unterseite flachgedrückt wird, dann mit den Händen einen Kegel hochziehen.
Besonders hübsch: Verzieren Sie die Kegel noch mit einer gezuckerten Blüte oder einer Zuckerperle (auf die Spitze setzen).

Jamaikadatteln

24 Datteln, 100 g Marzipanrohmasse, 50 g Puderzucker, 2 El Rum, 1 MSp Ingwer gemahlen, 25 g kandierter Ingwer gehackt 100 g Kuvertüre

Die Datteln an der Längsseite aufschneiden und entkernen. – Die Marzipanrohmasse mit Zucker, Ingwer und Rum glatt kneten und in die Datteln füllen. – Die gefüllten Datteln so weit in im Wasserbad geschmolzene Kuvertüre tauchen, daß eine weiße Füllung noch herausschaut. Zum Trocknen auf ein Gitter setzen. Das fertige Konfekt in Papierkapseln geben.

Marokkaner

125 g Zucker, 1 El Rosenwasser, 125 g Schokolade, 125 g Mandeln geschält und gerieben – Mandelsplitter

Den Zucker mit dem Rosenwasser erwärmen, bis er geschmolzen ist. Die Schokolade dazugeben und ebenfalls schmelzen lassen (am besten im Wasserbad). Die Mandeln dazugeben. Alles zu einer geschmeidigen Masse verrühren. – Bevor die Masse wieder ganz erkaltet ist, fingerdicke, etwa 3 cm lange Röllchen formen und in Mandelsplitter wälzen. Die Röllchen dann – der Länge nach – so zwischen Daumen und Zeigefinger drücken, daß an der Oberseite eine Kante entsteht. Gut trocknen lassen und dann in Cellophanpapier verpacken.

Mozartscheiben

100 g Mandeln geschält und fein gerieben, 100 g Pistazien geschält und sehr fein gerieben, 200 g Puderzucker, 2 El Rosenwasser
60 g Butter, 125 g Puderzucker, 60 g Blockschokolade, 1 El Cognac, 40 g Mandeln geschält und gerieben
100 g Kuvertüre

Die Mandeln und die Pistazien mit dem Puderzucker und dem Rosenwasser vermischen und bei ganz schwacher Hitze so lange erwärmen, bis ein gleichmäßiger Kloß, der sich vom Topf löst, entstanden ist. – Nach dem Abkühlen auf einem mit Puderzucker bestreuten Brett durchkneten und dann zu einem langen schmalen Rechteck ausrollen. – Die Butter mit dem Zucker schaumig rühren. Die im Wasserbad geschmolzene Schokolade und den Cognac einrühren. Die Mandeln dazugeben. Diese Schokolademasse so lange an kühlem Ort ziehen lassen, bis sie sich formen läßt. – Auf einem mit Puderzucker bestreuten Brett eine Rolle in der Länge der Pistazien-Marzipan-Platte ausrollen und in diese einwickeln. Die Rolle mit im Wasserbad geschmolzener Kuvertüre bestreichen und gut trocknen lassen. Vor Gebrauch in 3–5 mm dicke Scheiben schneiden.

Nußdatteln

24 große Datteln, 150 g Walnüsse gerieben, 4 El Puderzucker, Sherry nach Bedarf
Walnußhälften

Die Datteln der Länge nach einschneiden und entkernen. Die Nüsse mit dem Puderzucker verrühren und so viel Sherry dazugeben, daß eine geschmeidige Masse entsteht. Die Datteln mit dieser Mischung füllen und mit einer Walnußhälfte verzieren (Abb. S. 104).

Nussetten

200 g Puderzucker, 1 MSp Ingwer, 1 kleines Eiweiß, einige Tropfen Zitronensaft – 250 g Nußhälften
150–200 g Kuvertüre, 15 g Kokosfett, 1 Tl Rum

Den Puderzucker mit dem Ingwer mischen, das Eiweiß und so viel Zitronensaft zugeben, daß eine dicke Masse entsteht. Etwa 10 Min. über Dampf durchrühren, dann erkalten lassen.
Je 2 Nußhälften mit etwa ½ Teelöffel der Zuckermasse zusammensetzen. Die Nußhälften etwa 2 Stunden trocknen lassen und dann so in Schokoladeglasur tauchen, daß lediglich eine Nußhälfte überzogen wird.
Schokoladeglasur: Kuvertüre und Kokosfett im Wasserbad schmelzen und den Rum einrühren.

Orangentrüffeln

100 g Blockschokolade, 2 El Orangensaft, 2 Eier, 250 g Puderzucker, 1 El Grand Marnier, 300 g Mandeln gerieben, 100 g Mandeln geschält und gehackt
Schokoladestreusel – Orangeat

Die Schokolade mit dem Orangensaft im Wasserbad schmelzen. – Die Eier mit dem Puderzucker schaumig rühren. Die geschmolzene Schokolade und den Grand Marnier dazugeben. Zuletzt die geriebenen und die gehackten Mandeln einarbeiten. – Aus der Masse etwa nußgroße Kugeln formen, in Schokoladestreusel wälzen, in Papierkapseln geben. Je nach Wunsch noch mit einem kleinen Stückchen Orangeat verzieren.

Rumkugeln

¼ l Sahne, 100 g Blockschokolade zerkleinert, 1 Gläschen Rum
(¹/₁₀ l), 200 g Haselnüsse gerieben – Hagelzucker

Die Sahne aufkochen, die Schokolade darin lösen und zu einer glatten Masse verrühren. Den Rum und die Haselnüsse dazugeben. Alles
gut vermischen und 1 Stunde kalt stellen. Mit nassen Händen nußgroße Kugeln formen und in Hagelzucker wälzen. In Papierkapseln
aufbewahren.

Ruster Kugeln

180 g Puderzucker, 1 Päckchen Vanillezucker, 1 El Pulverkaffee,
2 El Wasser, 200 g Walnüsse gerieben, 1 El Kirschwasser
Schokoladestreusel, Liebesperlen

Puderzucker, Vanillezucker und Pulverkaffee vorsichtig mit dem
Wasser erwärmen, bis sich der Zucker gelöst hat. Die Walnüsse dazugeben und alles zusammen fast bis zum Siedepunkt erhitzen. Das
Kirschwasser einrühren. – Nach dem Erkalten nußgroße Kugeln formen. In Schokoladestreusel oder in Liebesperlen wälzen.

Schneebällchen

150 g Schokolade, ¹/₈ l Milch, 80 g Puderzucker, 50 g Walnüsse
Kokosraspeln

Die Schokolade mit der Milch im Wasserbad schmelzen. Den Zucker
und die sehr fein gehackten Walnüsse dazugeben. Unter zeitweiligem
Rühren abkühlen lassen. Aus der Masse mit nassen Händen nußgroße Bällchen formen und in Kokosraspeln wälzen (Abb. S. 104 unten).

Schokoladekugeln

120 g Butter, 250 g Puderzucker, 120 g Blockschokolade oder
noch besser Milchschokolade
Schokoladestreusel, Liebesperlen

Butter und Zucker miteinander schaumig rühren. Die Schokolade im
Wasserbad schmelzen und dazurühren. Die Masse etwa ½ Stunde an

kühlem Ort anziehen lassen. Dann mit nassen Händen kleine Kugeln formen und sofort in Schokoladestreusel oder in Liebesperlen wälzen. Die fertigen Kugeln in Papierkapseln geben oder einzeln in Cellophanpapier verpacken. Bis zur Verwendung kühl stellen.

Schokoladetrüffeln

100 g Butter, 250 g Zucker, 150 g Mandeln geschält und gerieben, 150 g Schokolade gerieben, 2 Eiweiße
3 El Puderzucker, 1 El Kakao

Die Butter mit dem Zucker schaumig rühren. Die vorbereiteten Mandeln, die Schokolade und die Eiweiße dazumischen. Die Masse wenigstens 1 Stunde kalt stellen. Dann mit nassen Händen kleine Kugeln (mit einem Durchmesser von $1^{1}/_{2}$ cm) formen und sofort in einer Mischung aus Zucker und Kakao wälzen. Die fertigen Kugeln in Papierkapseln geben und bis zur Verwendung kühl stellen.

Teufelspillen

140 g Zucker, 140 g Haselnüsse gerieben, 60 g Schokolade gerieben, 1 Eiweiß – Haselnüsse – Schokoladestreusel

Zucker, Haselnüsse und Schokolade mischen und mit dem Eiweiß zu einer formbaren Masse verarbeiten. – Eine etwa 3 cm dicke Rolle formen und in dünne Scheibchen schneiden (am besten mit einem nassen Messer). Auf jedes Scheibchen eine Haselnuß legen; dann Kugeln formen und in Schokoladestreusel wälzen. Die fertigen Teufelspillen trocknen lassen und dann in Papierkapseln geben.

Vanillebutter

3 Eigelbe, 75 g Puderzucker, 3 Päckchen Vanillezucker

Die Eigelbe mit Zucker und Vanillezucker mischen und so lange intensiv rühren, bis eine ganz dicke schaumige Masse entstanden ist. – Pergamentpapier in etwa 1 cm breite Falten legen. Die Schaummasse vorsichtig in etwa 3 cm langen Stückchen hineingeben und bei ganz geringer Wärme trocknen lassen: am besten in ein auf 50–60° erwärmtes offenes Backrohr stellen.

Register

Bildnachweis

Schwarz – Mauritius, Mittenwald: 33
Teubner, Füssen. 34, 52, 86 unten, 103, 104 + Umschlagfoto
Teubner – Bavaria, Gauting: 51, 85
Teubner – roebild, Frankfut a. M.: 86 oben